出版企业社会责任观察

CORPORATE SOCIAL RESPONSIBILITY OF THE PUBLISHING INDUSTRY

韩生华 著

社会科学文献出版社
SOCIAL SCIENCES ACADEMIC PRESS (CHINA)

序　言

随着经济社会的发展和现代企业的逐步成熟，各行各业越发认识到社会责任对可持续发展所起到的推动作用。相较而言，出版工作不仅具有经济属性、文化属性，还具有鲜明的意识形态属性。因此，出版企业的社会责任推动工作更具紧迫性、必要性、重要性和特殊性。

2015 年 9 月，中共中央办公厅、国务院办公厅印发《关于推动国有文化企业把社会效益放在首位、实现社会效益和经济效益相统一的指导意见》，其中“加强组织领导”部分对文化企业提出明确要求：“探索建立国有文化企业社会责任报告制度，开展社会评议，建立健全行业自律制度。”

2021 年 2 月，中共中央宣传部等联合印发《关于文化企业坚持正确导向履行社会责任的指导意见》，其中对文化企业明确了五项“重点任务”：构建文化企业坚持正确导向、履行社会责任的规范引导机制；完善文化企业坚持正确导向、履行社会责任的生产经营机制；强化文化企业坚持正确导向、履行社会责任的自律承诺机制；健全文化企业坚持正确导向、履行社会责任的市场监管机制；夯实文化企业坚持正确导向、履行社会责任的正向激励机制。

国家一再强调文化企业肩负着特殊的社会责任，出版企业也在积极响应、努力践行。作为长期关注出版企业社会责任研究的高校工作者，我认为自己有责任和义务基于研究专长为推进出版企业社会责任工作尽一份绵薄之力。于是，在多个出版企业的支持下，2022年初，我所在的单位——北京印刷学院成立“出版企业社会责任研究”课题组，再一次踏上了研究出版企业社会责任的征程。

由于特殊的大环境，2022年课题组一直无法“走出去”，研究计划也是一变再变。正当我这个课题负责人一筹莫展之际，一位资深的社会责任专家提醒我：“我从事企业社会责任研究工作多年，对工业企业履行社会责任的情况比较了解，但对文化企业中的出版企业是如何具体履行社会责任的并不十分清楚。出版是北京印刷学院的特色专业，你之前做过关于出版传媒企业社会责任报告编制指南的相关课题，又是新闻与传播专业的硕士研究生导师，既有研究基础，又有学生资源，建议你们发挥自身优势，出一本出版企业履行社会责任实践和研究方面的图书，这样既填补了空白，又向社会展示了出版企业践行社会责任的多样性，是一件很有意义又值得做的事情。”

这位专家的话令我醍醐灌顶。疫情不能阻碍我们推进科研的脚步，“只要思想不滑坡，办法总比困难多”。这一年里，我和新闻与传播专业、出版专业的几位硕士研究生克服重重困难，通过互联网搜集了一部分出版企业履行社会责任的相关资料，再利用微信、邮件、腾讯会议等多种渠道和方式进行采访，撰写了他们践行社会责任的故事。让我和学生们感动不已的是，很多出版社的社长在线上或线下接受我们的访谈，一遍不够就两遍，给予了我们非常大的支持。出版社负责对接工作的老师们也很有耐心，奔前忙后、牵线搭桥，从提供资料直至最后把关，为我们这本书的出版提供了保障。

本书从结构上分为四个部分。第一部分为“写在前面的话——我与企业社会责任”，主要介绍与本书相关的背景和我的研究经历等。

第二部分是“案例篇”，收录了10篇出版企业社会责任实践主题的案例报告，包括我带领张宇薇、刘苏瑜、刘畅同学分别完成的，以人民教育出版社、南京大学出版社、江西美术出版社、山东教育出版社和长江出版社为分析对象的6篇案例；我带领蒋凯瑞、周欣、李英、肖可心同学分别完成的，以中国建筑工业出版社、陕西师范大学出版总社、大连出版社和社会科学文献出版社为分析对象的4篇案例。这些案例的初稿作者，即每一位硕士研究生同学还撰写了自己的写作体会，原汁原味地总结了自己的收获。虽然出版企业履行社会责任过程中更多、更精彩的内容还没有被充分挖掘，但作为一名高校一线教师，我这次“一对一”带领硕士研究生采写案例的经历加深了我们对出版企业的认识，帮助我们更加深刻地理解了出版企业所肩负的特殊的社会责任。更让我欣慰的是，我还看到了疫情之下学生们努力的模样，也感受到了出版企业对我们的支持、包容和友爱。

第三部分是“研究篇”，收录了6篇文章，分别是北京印刷学院出版学院宋嘉庚副教授、新闻传播学院唐钰龙讲师、新闻与传播专业硕士研究生张宇薇共同起草，最后由我编辑完善定稿的3篇学术论文，以及3篇我之前撰写的出版企业社会责任主题的论文，希望能为关注出版企业社会责任的读者提供方便。

第四部分是“附录”，收录了公开发布的2份文化企业社会责任重要文件，以便有需要的读者更直观、便捷地了解国家的相关政策要求。

历时两年的筹划并克服各种困难，如今这本书在社会科学文献出版社的大力支持下出版了，我既为心愿的实现感到欣慰，又为书中存在诸多不足心有不安。无论怎样，这本分量看上去还有点单薄的图书是课题组在特殊时期付出努力后取得的一点点成果，是我与同人、学生们共同成长的见证，我们将以此为起点，更加深入地研究出版企业的社会责任。

期待更多关于出版企业社会责任的著作问世，让出版企业社会责任的实践和理论被记录、被传播、被传承、被升华。让我们一同努力，共同为推进出版企业高质量、可持续发展贡献力量。

韩生华

2023 年 3 月

目 录

CONTENTS

写在前面的话

——我与企业社会责任 / 001

案例篇

为了特殊学生的教材

——人民教育出版社社会责任实践观察 / 025

为了开学的新教材

——人民教育出版社社会责任实践观察 / 035

让建筑校园溢满“书香”

——中国建筑工业出版社社会责任实践观察 / 047

用“听”打开阅读世界

——山东教育出版社社会责任实践观察 / 058

出版助力脱贫攻坚

——南京大学出版社社会责任实践观察 / 069

出版人的长江故事

——长江出版社社会责任实践观察 / 080

城市社插上“幻想”的翅膀
——大连出版社社会责任实践观察 / 094
拥书自雄显担当
——陕西师范大学出版总社社会责任实践观察 / 106
社会责任从概念到行动
——社会科学文献出版社社会责任实践观察 / 118
乡村娃娃背上“名著小书包”
——江西美术出版社社会责任实践观察 / 129

研究篇

出版单位社会责任的理论溯源、典型问题与履行路径 / 141
企业社会责任：概念演变及英国传媒企业的发展观察 / 172
出版企业社会责任的研究回顾与展望 / 183
社会责任与韬奋精神
——也谈出版社履行社会责任与人才成长的互动关系 / 217
我国 5 家上市出版企业社会责任报告案例分析 / 226
我国出版上市公司 2020 年度社会责任报告研究 / 237

附录 1 《关于推动国有文化企业把社会效益放在首位、实现社会效益和经济效益相统一的指导意见》/ 252
附录 2 《关于文化企业坚持正确导向履行社会责任的指导意见》/ 262

后 记 / 270

写在前面的话

——我与企业社会责任 *

2022年春节过后，北京印刷学院“出版企业社会责任研究”课题组准备行动起来。“先举行一个仪式，算是课题开始的标志吧！”可新冠疫情发展态势起起伏伏，没有给我们举行一个简单仪式的机会。

2023年初，当我们准备把已完成的阶段性研究成果交付出版时，有人建议我，把自己与企业社会责任结缘、研究经历，策划出版这本书的初衷、举措、感受等内容整理出来，一方面算是补上了课题开始的“发令枪”，另一方面也可让读者了解一些背景。我觉得这个主意不错，就梳理了以下相关内容。

* 本文作者韩生华，北京印刷学院教授、硕士生导师。

一 相遇

先说说我与企业社会责任“相遇”的故事。

大约在1999年底，那会儿我在媒体行业做记者，得到一个信息，说我国一家与世界500强拉法基集团合资的企业在四川建设水泥生产线工程时从地下挖出一些瓷片，这家企业第一时间保护现场并报告当地相关部门。当文物专家鉴定出那里是一处完整的宋代窑址后，这家企业不但放弃了项目建设，还主动表示要出资在原址建设拉法基瑞安金凤窑博物馆，用声光电技术再现宋代瓷器烧制的整个过程，然后免费向公众开放。

这事儿在当时传得沸沸扬扬，褒贬不一。有人说这家合资企业已投入上千万元，因为挖地基从地下挖出一点碎砖烂瓦就修改总图布置，既增加了投资，又延误了工期，是小题大做、赔本赚吆喝。也有人认为，向市场经济转型后，国内一些企业为了赚钱，想方设法钻法律法规的空子，甚至不惜以污染环境为代价，而这家合资企业的“觉悟”明显与众不同，值得国内企业尤其是重工业制造企业学习。

这家合资企业建博物馆的目的是什么？已投入的资金“打水漂”后，他们到底是怎么想的？他们是在作秀，还是另有原因？为进一步了解情况，我想方设法得到了采访这家合资企业高管的机会。

采访中我了解到，拉法基集团是1833年在法国成立的老牌企业，也是世界上最大的水泥制造商之一。中国改革开放的大门打开后，拉法基带着资金和技术从1994年开始就进入中国市场，在我国一些省份投资兴建了大型合资企业，其中水泥项目是他们最早开展的业务。

“百年老店”拉法基在开拓我国水泥市场的过程中有很多“另类”的

理念和做法。我先通俗讲讲水泥制造工艺。水泥制造过程简单来说就是“两磨一烧”：先从矿山上开采出含有水泥所需化学成分的矿石，用破碎设备将其破碎成小矿料，加入辅助原料在磨机中“磨”成细粉，再送进窑炉“烧”成熟料，最后把烧好的、结成块状的熟料运出来，加入适量石膏等配料“磨”成细粉并进行配比，这样水泥就生产出来了。

当时，国内很多水泥企业尤其是小作坊到山上开采矿石的方式是用炸药爆破，以至于人们一提到水泥厂就想到高能耗、高污染。而拉法基是用技术手段一块块、有规划地开采矿石，有点像“切蛋糕”，并对开采后的地方及时进行绿化。拉法基的理念是矿石是不可再生资源，开采的方式要安全、节约、环保，要尽可能减少开采对环境的破坏。那位高管给我讲了很多他们与当时我国一部分水泥企业截然不同的做法。

谈到建设博物馆的事，那位高管说，虽然中国改革开放后发展速度很快，拉法基与中国合资的企业也取得了不错的经济效益，但他们对在四川建项目时发现文物这件事的态度十分慎重。在他们看来，文物是人类共有的宝贵的文化遗产，不分中国和外国，保护文物应该是全球所有企业应尽的社会责任。

那位高管为了向我证明他说的这番“豪言壮语”并不是心血来潮，还特意让我看了拉法基的企业社会责任报告。

令我印象很深的是，那份企业社会责任报告有点像当时我们常看的《读者》杂志，封面和内文图文并茂，印制得非常精美。报告里有拉法基企业领导对履行社会责任的公开承诺，有普通员工践行社会责任的幸福荣耀，有企业履行社会责任的绩效数据，有企业对利益相关方关切问题的具体回应，有企业保护环境、开展公益捐助活动的案例介绍，还有企业对上年度履行社会责任不足的反思和对来年的展望等。那位高管还告诉我，他们每年都会认真编制企业社会责任报告。一方面，他们可以通过报告全面梳理、总结企业履行社会责任的实践内容，发现问题也可及时纠正；另一方面，报告可以帮助企业提高自身的市场价值和社会美誉度。

这次采访是我第一次与企业社会责任相遇，从此拉法基瑞安金凤窑博物馆案例和“企业社会责任”这个词紧密地联系在一起并深深地印在我脑海里，也是我第一次从企业社会责任报告里了解到更多拉法基履行社会责任的案例，于是就记住了这家有社会责任感的企业的名字。

二 重逢

我与企业社会责任“重逢”，是在一家出版社。

2015 年底，我调入北京印刷学院从事科研教学工作。2016 年初，我加入中宣部委托北京印刷学院的“图书出版单位社会效益评价指标体系的构建与应用研究”课题组，下半年课题组深入社会科学文献出版社（以下简称“社科文献”）调研。

第一次走进社科文献，我就被这家出版社独特的气质所吸引。社科文献有一个弥漫着咖啡香味、装修风格类似酒吧的待客厅，访客可以在这里品茶、喝咖啡、翻阅新书或沟通研讨。也许是之前当过记者的缘故，我来到这家出版社后先是四处转了转，发现出版社的办公区有点拥挤，但被各色花草、灯光装点得浪漫且充满生机，多处墙面上有节约用纸、节约用电、保护环境之类的提示语、宣传画，洗手池台面上摆放的小卡片记录着节水的成绩和鼓励大家继续加油的短语……总之，很多细节让我感受到了社科文献独特的文化氛围和轻松温馨的气息。

在暗暗感慨社科文献的文化氛围时，我又不由自主地想起了拉法基。

两家企业虽属于不同领域，但给人的第一印象都是有爱、有活力、有文化，在这样的企业中工作也许更能深刻理解“以人为本”的含义。

更让我没想到的是，当我们在会议室落座开始正式调研访谈时，竟然发现社科文献给每个人准备的资料中还有一本蓝色封面的《社会科学文献出版社企业社会责任报告》。

这是我第一次看到出版企业的社会责任报告。当翻开报告看到“社长致辞”“企业社会责任委员会主任致辞”“出版社愿景、使命、战略与核心价值观”等栏目的内容后，我的心情激动得久久不能平复。“企业社会责任”像是多年不见的“老朋友”，我与“它”竟这样意外地在国有出版企业里“重逢”了，真有一种“他乡遇故知”的感觉。

社科文献自觉发布企业社会责任报告，这在当时的出版领域里是不多见的。我国实施文化体制改革以来，条件成熟的出版单位陆续转企改制，大约到 2011 年，全国经营性出版单位才完成转企改制。由事业单位的身份彻底转变成企业，很多出版社是不适应的，手拿笔杆子的文人组成的文化企业要在市场经济的汪洋大海里求生存、求发展尚且自顾不暇，哪里还会投入人力、物力、财力去编制企业社会责任报告？更何况国家对文化企业编制社会责任报告并没有提出强制性要求。发布社会责任报告不是一项强制性工作，社科文献为何要主动发布并且编制得如此专业？

为了探个究竟，自那次调研后我多次深度访谈了社科文献的相关领导和工作人员。20 世纪末，社科文献响应国家“走出去”号召，准备向海外推广皮书系列。社科文献了解到国际著名的出版机构荷兰博睿学术出版社不仅有非常严格的学术规范，还有一整套成熟的价值理念，于是决定与荷兰博睿接触一下。商业合作之前彼此了解一下是不可或缺的环节，可在沟通过程中，对方谈的是国际通用的企业社会责任理念，而社科文献对此不甚了解，双方不在同一话语体系中的沟通效果自然不好。虽然由于各种原因这次合作没谈成功，但社科文献明白了一个道理：要融入全球出版领域的竞争，就要加快与国际接轨的步伐。社科文献决定通过编制发布企业社会责任报告推动自身社会责任工作的全面展开。

在一家出版社与企业社会责任“重逢”，我觉得自己与企业社会责任真有一种割舍不断的缘分，于是暗下决心，要研究一下出版企业社会责任信息披露的现状。

三 学习

2016 年下半年，我梳理了当时企业社会责任的主要理论，深入学习了与出版企业社会责任相关的重要政策文件。

企业社会责任（Corporate Social Responsibility，CSR）指企业在创造利润、对股东和员工承担法律责任的同时，还要承担对消费者、社区和环境等更多方面的责任。换言之，企业利用社会中的各种资源获得发展，就要“穷则独善其身，达则兼济天下”。逐利是经济组织的“天性”，“赚钱”无可厚非，企业赚了钱才能支付税金、员工工资等运营成本，这是企业必须承担的经济责任。当企业“富”了，承担应尽的经济责任不再是难事时，就不能一味地把自身当成赚钱机器，而要更好地回报国家、服务社会。作为经济组织，企业具有经济和社会二重性，既通过创造经济财富立足社会，又依赖社会资源获取利润，之后回报社会，这是一个良性循环。学界有一种观点认为，当下企业在法律法规框架下承担的社会责任有必尽、应尽、愿尽三个层次，评价一个企业是否有社会责任，更多是考量其在愿尽层次中的表现。

在学习文献时，美国学者莎伦·沃陶（Sharon Votaw）的观点让我印象深刻："企业社会责任具有一定的含义，但对每个人来说，并不代表相同的意思。"①

的确，企业社会责任概念发展演变过程长、解读版本多，社会责任理论也是如此。在不同领域、从不同角度出发，大家的解读也不同，我比较接受以下几种理论，比如R.爱德华·弗里曼（R.Edward Freeman）提出的"利益相关方理论"。他的主要观点是企业不仅要回报股东，还要充分考虑供应商、雇员、社区、政府、经理人、非政府组织等特定利益群体的权益要求，企业履行社会责任就是对利益相关方利益的维护。这个理论经过不断的发展和完善已成为企业社会责任的基础理论，引申到出版行业，即出版企业除了对出资人履行必尽的经济责任，还要履行对员工、读者、作者、印制、发行方等所有利益相关方的社会责任，要与他们保持沟通，关注和回应他们的需求。英国学者约翰·埃尔金顿（John Elkington）提出的"三重底线理论"也很容易理解。他认为企业肩负着履行以经济、社会和环境为底线的最基本责任的使命。换言之，企业的首要责任是赚钱，其次是回馈社会，最后是上述行为不能以破坏环境为代价。这个理论的指向性很清晰，便于我们直观地评价企业的社会责任工作。美国学者阿奇·卡罗尔（Carroll）提出的"社会责任金字塔"是站在企业角度看社会责任，他认为按先后次序及重要性，企业首先要履行经济责任，然后依次递减为法律、伦理以及慈善的责任，即"企业社会责任包含了在特定时期内，社会对经济组织经济上的、法律上的、伦理

① V. D. Genius, *Becomes Rare in the Corporate Dilemma: Traditional Values and Contemporary Problems*（Cavendish Publishing Limited,1975）.

上的和慈善上的期望”。[①]

在梳理我国企业社会责任相关政策时，我发现有这样几个重要节点。

第一是2002年1月，中国证监会和国家经贸委共同制定并颁布了《上市公司治理准则》，首次提出我国上市公司履行社会责任的条款，明确上市公司应尊重并维护公司利益相关者的利益和义务。这一规定提高了企业社会责任在我国的法律地位。

第二是2006年。2006年被誉为“中国企业社会责任元年”，是因为这一年有几件事与社会责任相关。比如，1月1日开始实施新修订的《公司法》，其中第五条明确规定企业要“承担社会责任”，也就是说企业履行社会责任成为必然。3月，国家电网率先发布我国中央企业第一份社会责任报告，为所有企业树立了标杆。9月发布的《深圳证券交易所上市公司社会责任指引》第五条规定，公司应按照该指引要求，积极履行社会责任，定期评估公司社会责任的履行情况，自愿披露公司社会责任报告。

第三是2007年3月16日，第十届全国人大第五次会议通过的《中华人民共和国企业所得税法》规定，对积极履行社会责任的企业提供相应的税收优惠。同年12月29日，国务院国资委印发《关于中央企业履行社会责任的指导意见》，指出要建立社会责任报告制度，有条件的企业要定期发布社会责任报告或可持续发展报告，公布企业履行社会责任的现状、规划和措施，完善社会责任沟通方式和对话机制，及时了解和回应利益相关者的意见建议，主动接受利益相关者和社会的监督。

第四是2009年，国务院国资委在中央企业社会责任工作会议上提出八个方面具体要求，其中第六项是定期发布社会责任报告或可持续发展报

① 向倩芸:《媒体社会责任的框架与内涵》,《现代视听》2014年第6期。

告，提高发布质量，加强社会沟通。

国务院国资委在推动中央企业社会责任工作方面出台了很多重要措施，相比之下，我国关于出版企业社会责任方面的政策文件要少一些，能检索到的最早的资料是1983年6月6日颁布的《中共中央、国务院关于加强出版工作的决定》。其中，第五条有这样的阐述：社会主义的出版工作，首先要注意出版物影响精神世界和指导实践活动的社会效果，同时要注意出版物作为商品出售而产生的经济效果；出版部门要坚持质量第一，尽最大努力，把最好的精神文化食粮供给人民，各类图书部门要力求做到选题对路、内容充实，都要力求有尽可能高的思想性、科学性或艺术性，反对粗制滥造；出版部门要加强经济核算，提高经营管理水平，在各个环节上克服浪费，有效地利用人力、物力和财力，注意经济效果，但绝不能单纯追求利润，否则，就不能克服和防止精神产品商品化的现象，就不能保证我们的出版工作的社会主义性质和方向。

该决定中虽没有“社会责任”这样的字眼，提要求的口吻也比较“温和”，但明确提出出版物是“精神文化食粮”，出版部门“绝不能单纯追求利润”。这些内容与社会责任有一定的关联性。

我国非公益性质的出版社基本完成转企改制工作后，出版单位的企业属性越来越清晰，虽然专门针对出版企业社会责任方面的具体政策较少，但对于有些要求，出版企业还是应该学习并应用的。比如，习近平总书记在2016年2月19日召开的党的新闻舆论工作座谈会上提出“48字”方针，要求新闻舆论工作者牢记社会责任，不断解决好“为了谁、依靠谁、我是谁”这个根本问题。同年4月19日，习近平总书记主持召开网络安全和信息化工作座谈会时强调，一个企业既有经济责任、法律责任，也有社会责任、道德责任。2015年9月，中共中央办公厅、国务院办公厅等联合发布《关于推动国有文化企业把社会效益放在首位、实现社会效益和经济效益相统一的指导意见》，指出文化企业提供精神产品，传播思想信息，担负文化传承使命，必须始终坚持把社会效益放在首位、实现社会效益和经济效益相统一。注重道德调节，坚守社会责任，把两个效益相统一的要求落到实处。探索建立国有文化企业社会责任报告制度，开展社会评议，建立健全行业自律制度。

从上述政策可以看出四个显著特点：一是国家对国有企业履行社会责任工作高度重视，提出的要求越来越细、标准越来越高、履责范围越来越广；二是对企业发布社会责任报告的态度比较“温和”，没有强制，更多的是鼓励；三是国有文化企业相较于其他行业社会责任工作启动的时间晚、具体要求少；四是关于社会责任的政策法规多是笼统地提及文化企业。

学习和梳理出版企业社会责任相关的政策文件，能直观地看出我国出版企业社会责任工作的发展脉络，了解每个时间节点上政策的变化，这对研究出版企业社会责任大有裨益。

四　专著

2017 年 4 月，人民出版社出版了我的专著《我国出版企业社会责任报告研究》。在这本书中，我提出了出版企业社会责任的概念，梳理了与出版企业相关的社会责任理论，分析了出版企业社会责任报告的现状、问题及对策等。

这次研究出版企业社会责任报告，源于 2016 年 5 月 9 日《中国新闻出版广电报》上记者左志红撰写的《5 家出版发行上市公司发布 2015 年度社会责任报告——让书业流淌道德的血液》。读完这篇报道，我不禁思考：出版行业为何只有5家上市公司发布社会责任报告？这5家企业在整个出版上市公司中占多大比重？这5家企业都报告了哪些内容？报告的核心议题是什么？出版行业有没有编制报告的依据？从哪些维度评价报告的质量？国家对出版企业社会责任及信息披露有无相关政策出台？出版企业与其他行业企业社会责任报告的主要差异和特点在哪里？等等。为了搞清楚这些问题，我着手出版企业社会责任信息披露的研究。

先说说企业社会责任报告。

ISO 26000国际标准中对社会责任报告概念的解读是企业针对其经营活动对经济、社会和环境所造成影响，取得的成绩及不足等，向利益相关方进行信息披露的一种方式。企业社会责任报告是企业与利益相关方进行沟通的载体，是社会责任管理水平的重要体现。编制发布社会责任报告是企业践行社会责任理念、提升社会责任管理能力的重要抓手，还是企业与利益相关方增进沟通的重要工具。

我认为企业社会责任报告中的“报告”既是动词也是名词：动词是企业向利益相关方“汇报”履责情况；名词是企业以手册的形式呈现履行社会责任的成果。企业发布社会责任报告至少有三方面目的。一是规避风险。企业发展中面临很多不可预测的风险，如产品的性价比、口碑、品牌、社会形象等，企业通过社会责任报告向公众表明履责的态度、绩效等，“主动示好”的沟通方式能帮助企业规避一些不必要的风险。二是强化品牌。编制发布社会责任报告的主动权在企业手里，企业将自身履行社会责任的实践内容以通俗易懂、喜闻乐见的方式“报告”给更多的人，可在一定程度上提升企业的品牌影响力。三是丰富企业文化。企业的责任理念、责任行动、责任绩效与企业文化息息相关，企业通过编制发布社会责任报告可强化对员工的责任教育，进而增进员工的荣誉感、责任感等。

20世纪90年代以来，我国的企业社会责任报告编制与发布工作逐渐与国际接轨。企业以务实、透明的方式向利益相关方报告自身履行社会责任的原则、行动、效果以及未来的打算等，让利益相关方更加了解企业的初心和使命。

编制企业社会责任报告时有一些“规定动作”和“自选动作”。“规定动作”是指企业要根据国际上普遍认同的ISO 26000国际标准、联合国全球契约十项原则、《可持续发展报告标准》、国内外主要交易所信息披露指引以及一些专业机构自主开发的企业社会责任报告关键定量指标指引等编制报告，换言之，企业编制社会责任报告是有遵循的。“自选动作”是企业根据自身实践扩充的特色内容，比如抗击疫情、乡村振兴、全民阅读等。编制发布社会责任报告的主动权和话语权在企业手里，因此，一些企业尤其是大型企业会用心编制社会责任报告，把社会责任报告的作用发挥得淋漓尽致。

从2016年下半年开始，我对《中国新闻出版广电报》提及的5家出版上市公司发布的2015年度社会责任报告进行了详细研究。2017年2月，我在《中国出版》杂志上发表了题为《我国5家上市出版企业社会责任报告案例分析》的论文。此外，我还学习了国内其他行业企业发布的社会责任报告。相比之下，我国出版上市公司社会责任信息披露工作的整体水平明显落后于其他行业，社会责任报告数量、质量方面还有很大的提升空间，行业主管部门要加大政策要求力度，行业协会要发挥桥梁作用，企业要高度重视社会责任信息披露工作。

2016年8月，我参加第五届韬奋出版人才高端论坛的征文活动时，撰写了《社会责任与韬奋精神——也谈出版社履行社会责任与人才成长的互动关系》一文。我的核心观点是出版企业最重要的资源是编辑人才，最核心的竞争力也是编辑人才。编辑生产的“精神食粮”虽不能“入口”，却能“入眼、入脑、入心”。一个出版企业是否有社会责任，关键看编辑队伍。优秀的、有强烈社会责任感的编辑人才队伍是出版企业在践行社会责任过程中培养和造就出来的。我的这篇文章获得一等奖，也算是对我研究出版企业社会责任的一点鼓励吧。

我完成“我国出版企业社会责任报告研究”的课题后，以同名将研究成果通过人民出版社出版。关于出版企业社会责任信息披露的研究暂时告一段落。

五　榜样

2018 年 3 月，我主持了原国家新闻出版广电总局“出版传媒企业社会责任报告规范性研究”的课题，又开始了关于企业社会责任信息披露方面的研究。

当时国务院国资委出台了《关于中央企业履行社会责任的指导意见》等一系列文件，对国有企业履行社会责任和发布报告提出了很多具体要求，国家电网、华润集团、中国建筑等一大批企业社会责任报告的总体质量堪称楷模，国有工业类企业社会责任信息披露工作一直处于领先状态。而国有文化企业中的出版社转企改制较晚，相关的政策性要求较少，加之企业重视程度不够等，发布社会责任报告的样本少、亮点少，成果也少。但相比之下，我认为社科文献从 2013 年 11 月发布第一份企业社会责任报告以来的很多做法都具有榜样作用，至少有三个方面在出版行业具有推广价值。第一，搭建组织架构。有了专门的组织机构，社会责任就是企业内部各项工作中的其中一项，年初有计划、年终有总结，有利于企业长期规范地做好这项工作。第二，用专业精神做事。社科文献像做学术一样做社会责任工作的专业精神是其社会责任报告具有较强规范性的主要原因，值得其他出版企业学习。此外，社科文献社会责任报告具有较强专业性与他们出版了很多与社会责任相关的图书、参与了很多与社会责任相关的活动有关系，这为社科文献学习、理解、应用社会责任理论提供了便利。第三，将社会责任融入企业管理。在社科文献，企业社会责任不是一项单独的工作，而是企业管理的一部分，社科文献做这项工作有时间表，有路线图，有责任理念、责任战略，有近期计划和远期规划，有专门组织机构，有年初计划和年底总结，有预算和决算，企业社会责任工作融入了社科文献的日常管理。这家出版企业领导认为，带领员工编制社会责任报告本身也是提高员工社会责任意识的一种方式。中国企业社会责任报告评级专家委员会对社科文献2013~2014年度社会责任报告的评级为四星半，这在国内出版界也是独一无二的。

2018年末，社科文献2017年度企业社会责任报告初稿完成即将发布时，他们举办了一个利益相关方座谈会，我受邀参加并对报告进行点评。社科文献这一年度的企业社会责任报告发布后，我看到“专家点评”中有中国新闻出版研究院院长魏玉山和我撰写的评语。

魏玉山院长的点评这样写道：“一个企业持之以恒地向社会公布自己的社会责任报告，既是一种责任，更是一种自信！向社会科学文献出版社的同志们表示敬意！”

我的评语中用4个“更加”肯定了社科文献第5份社会责任报告：“责任认识更加清晰、责任管理更加到位、责任实践更加多彩、报告编制更加规范。”我认为社科文献社会责任报告质量一年比一年有进步，是因为他们有对学术始终抱有敬畏之心的“基因”。他们编制社会责任报告不是当任务去完成，而是将其作为学术课题进行深入研究。社科文献发布的高质量企业社会责任报告为我国出版企业编制社会责任报告提供了学习样本。

我非常赞同魏玉山院长的评语，也同样向社科文献的同志们表示敬意！在我研究出版企业社会责任报告的历程中，引以为豪的事情是我的评语和照片被印在了社科文献 2017 年度企业社会责任报告里。社科文献每年发布的社会责任报告都是我十分关注并要认真学习的内容之一，希望这家企业无论领导如何更替，无论行业内是否有更多企业开始发布报告，都能把单体出版社中自觉发布社会责任报告的这面大旗一直扛下去，让榜样的力量永存。

六　变化

2021 年暑假，我梳理了出版行业已发布 2020 年度社会责任报告的情况，并对比分析了 2016~2021 年出版企业社会责任信息披露工作发生的变化。

时隔多年，我再次关注出版企业社会责任报告问题，源于三个文件。第一个文件是 2015 年 9 月中共中央办公厅、国务院办公厅印发的《关于推动国有文化企业把社会效益放在首位、实现社会效益和经济效益相统一的指导意见》。该意见指出：“探索建立国有文化企业社会责任报告制度。”第二个文件是 2020 年 11 月中央全面深化改革委员会第十六次会议审议通过的《关于文化企业坚持正确导向履行社会责任的指导意见》，指出“文化企业承担特有社会责任，要指导推动各类文化企业牢牢把握正确导向……积极履行社会责任和道德责任”。第三个文件是 2021 年 2 月中共中央宣传部等印发的《关于文化企业坚持正确导向履行社会责任的指导意见》，明确了四项“基本原则”和五项“重点任务”。需要特别指出的是，第三个文件对企业社会责任报告应该包括的内容都做了具体要求，出版企业可将此文件作为履行社会责任和编制报告的重要遵循。

从这三个文件中可看出，国家对国有文化企业社会责任工作重视程度越来越高、要求越来越清晰、措施越来越具体，这也意味着文化企业社会责任将是未来一个时期的一项重要工作。

基于以上认识，我对出版行业2020年度社会责任报告发布现状进行详细分析，并在这个基础上梳理了2016~2021年出版行业社会责任信息披露工作的整体变化。

我获取研究样本的时间是截至2021年6月30日，发现有13家出版上市公司发布了2020年度社会责任报告。我从结构化参数、报告主题参数、报告技术参数等维度对这13份报告逐一进行了分析（详见本书《我国出版上市公司2020年度社会责任报告研究》），重点阐述自2015年国家提出探索建立国有文化企业社会责任报告制度要求，到2021年2月再次发文要求逐步实现国有文化企业和文化上市公司发布年度报告全覆盖这几年来的主要变化。例如，发布企业数量在增加，发布报告的质量有所提高，规范发布报告的意识有所增强等。但三个方面的不足依然很明显：缺少行业编制标准引领，“出版特色”没有凸显；未经专业审验监督，报告内容可信性不高；缺少评价激励机制，企业提升报告质量的主动性不强等。基于此，我提出四点改进建议。

一是尽快出台企业发布社会责任报告的指导性规定。目前证券交易所指引中对上市公司披露社会责任信息持大力推动、鼓励的态度，这使得一些出版上市公司有“坐等观望”“犹豫懈怠”的思想。因此，建议出版行业在遵守国家信息披露法律法规的前提下，结合行业特点出台指导性的规定。至少要求所有出版上市公司都发布社会责任报告，将披露社会责任信息作为法定义务。对行业中有实力、有能力、有影响力的出版集团公司加大引领、督促、激励力度。鼓励民营等非公有制出版企业自觉建立社会责任年度报告公开发布制度。总之，指导性规定先行，聚合各方力量共同推动出版行业社会责任工作向前推进。

二是建立出版行业企业社会责任标准体系。要加快构建符合出版行业特点的、系统的、科学的社会责任标准体系，厘清相关概念、边界，明确出版行业社会责任的内容“是什么”。同时要制定绩效评价、管理体系等配套标准，解决“怎么评价”“怎么管理”的问题，将出版行业企业履行社会责任的内容、边界、方式等细化、量化，为出版企业社会责任信息披露的规范性、完整性、科学性、可比性、实质性等创造条件。2021 年 11 月，国内已经有研究机构对出版企业社会责任指南等行业标准征求意见，未来还要尽快在行业内推广使用，在实践的过程中不断完善。

三是出版行业要多开展学习交流活动。目前出版行业鲜见企业社会责任方面的论坛、报告发布会、报告评级、经验分享等学习交流活动。行业内缺少与社会责任相关的活动，不利于政策要求的落实，也不利于相互学习、比学赶帮超氛围的形成。因此，建议出版行业协会充分发挥作为政府、企业、市场之间纽带和桥梁的作用，长效化开展一些引导出版工作者增强责任意识、依法依规自我管理和约束的思想教育活动；多举办专业辅导、培训、评价、激励、评级等活动，建立正向的激励机制，把优秀的社会责任案例通过媒体广泛宣传，用形式多样的活动助推出版行业社会责任工作迈上新台阶。

四是重视社会责任信息披露工作。出版企业要高度重视社会责任信息披露工作，企业主要负责人要担负起“第一责任人”的职责。在报告的内容方面要努力对标国内外同业中的先进，高标准、严要求，加快建立具有企业自身特点的社会责任管理体系。在报告的形式方面要结合行业优势，突出重点、强化特色、推陈出新，要利用数字化、新媒体等多种技术手段让社会责任报告更加生动、吸引人。在提升社会责任报告内涵、挖掘社会责任报告价值上多动脑筋，树立出版企业有责任担当、有文化品质的良好形象，加快提升社会责任信息披露工作的质量。总之，企业社会责任报告是利益相关方全面了解企业的窗口，也是企业与各界沟通交流、增进互信的桥梁，更是企业责任信息传播的重要载体。让这个“窗口”更亮眼，让这个“桥梁”更畅通，让这个“载体”更具价值，需要企业自身的努力，更需要行业主管部门、行业组织以及全社会方方面面的共同助力。

2021 年 1 月出版的金蜜蜂企业社会责任蓝皮书《金蜜蜂中国企业社会责任报告研究（2020）》一书中有这样的表述：“传播与文化产业企业的报告依然处于起步阶段，整体质量不高。”我认为，这种评价是基本符合客观实际的，出版行业与其他行业的差距是存在的，需要拿出迎头赶上的勇气和措施。

2021 年 11 月，我把以上出版企业社会责任工作发生的一些变化和对其一些肤浅的观察、思考整理成一篇论文发表在《中国出版》杂志上，希望对推动出版企业社会责任工作有所帮助。

七　收获

“出版企业社会责任研究”课题组成员由我校出版学院、新闻传播学院的教师及在读硕士研究生组成。2022 年，课题研究在理论和实践方面取得了收获。

首先是实践方面的收获。2022年，新冠疫情背景下课题组在实践方面能做的事很少，但我们还是带领学生克服种种困难，采访撰写了9家出版企业的社会责任案例。做这件事的理由有三点：一是我们课题组师生有新闻与传播和出版专业的学科背景，采写出版企业社会责任案例故事稿在操作层面具有可行性；二是目前国内很多行业有介绍行业内企业履行社会责任的案例故事集，而出版行业没有，做这项工作对出版企业的社会责任传播具有较强的现实意义；三是新冠疫情背景下学生客观上缺少实践机会，撰写案例故事稿需要搜集资料、撰写方案、线上访谈、修改定稿等，学生在一定层面上间接“接触”到了出版企业，沟通能力、表达能力得到训练和提升。

虽然这次只撰写了10篇出版企业社会责任案例故事稿，但我和我的学生认为收获很大。课题组大体分三步完成了这一过程。第一步，我们先以人民教育出版社、中国建筑工业出版社、山东教育出版社、南京大学出版社、陕西师范大学出版总社、长江出版社、大连出版社、江西美术出版社、社会科学文献出版社这9家出版社为研究样本，通过资料搜集、文献学习、提炼主题等环节总结企业社会责任的核心议题并撰写了策划书。第二步，课题组成员和社会责任专家一道，逐一对每家出版社的策划书进行研讨优化，之后开始线上采访和初稿撰写工作。第三步，由我对每一位学生的初稿进行修改并解决采写过程中遇到的实际问题，反复完善稿件，直至初稿变成最后的审定稿。

在校硕士研究生利用课余时间撰写出版企业社会责任案例故事稿似乎并不值得作为“收获”，毕竟每一篇文章只是出版企业履行社会责任的冰山一角，甚至有些故事稿看上去并不完美，但作为高校教师，我更直观地看到了疫情之下每一位学生在写作过程中所表现出来的激情、认真、坚韧和执着。学生们也许可以选择“躺平”，但他们没有，甚至在“阳”的状态下还在努力完成自己所承担的工作，我认为这是研究过程中宝贵的收获。为了完成案例故事稿写作，有的学生线上采访了出版社的领导和编辑，被出版人的职业操守和出版社的贡献感动，这坚定了他们毕业后从事出版工作的志向。有的学生为了更加了解出版社，通过各种方式“恶补”相关知识，出版专业和新闻与传播专业的同学相互学习、互帮互助、彼此鼓励，表现出良好的团结协作精神。有的学生通过这次案例故事稿的写作，发现自己在逻辑、文字功底等诸多方面存在不足，于是一次次修改、一遍遍完善，有的稿件甚至修改了20多遍，他们说只要出版社给修改的机会，就一定要改到出版社满意为止。

巴金先生有句名言:“只有写，才会写。”这次撰写出版企业社会责任案例故事稿，学生们的思维能力得到了充分训练，写作水平有了很大提升，给我们今后的教学工作带来很多启发，这是我们最看重的收获之一。

另外一方面的收获就是我们同时完成了“研究篇”中的几篇学术文章。我校出版学院副教授宋嘉庚博士之前参与过原国家新闻出版广电总局社会责任方面的课题研究，有着深厚的学术理论功底和敏锐的洞察力，这次他从自己较为熟悉的“治理理论”维度审视并分析了出版单位的社会责任现象和问题，撰写的《出版单位社会责任的理论溯源、典型问题与履行路径》一文，为出版企业社会责任研究提供了新思路。我校新闻传播学院讲师唐钰龙博士长期关注社会责任领域研究的新动向，这次他通过翻译国外传媒企业社会责任的相关文献，撰写的《企业社会责任：概念演变及英国传媒企业的发展观察》的文章，给更多关心新闻传媒企业社会责任的人打开了解社会责任概念发展历程的一扇窗，同时让读者了解英国传媒业企业社会责任的鲜活案例。我把两位老师的核心观点进行了编辑整理，同时附上自己之前相关的研究成果，希望给关注出版企业社会责任理论研究的人提供一个视角。此外，我带着我的硕士研究生张宇薇同学，将截至2022年12月13日CNKI（中国知网）学术期刊数据库、维普数据库中“出版企业社会责任”的241篇检索文献分门别类地进行归纳分析和可视化表达，算是对近年来我国出版企业社会责任主要研究现状的梳理总结，希望对读者有所裨益。当然，“研究篇”的深度和广度还有提升空间，需要我们今后继续努力。

总之，2022年是我们在坎坷中奋力前行的一年，也是收获了很多人生经验的一年。我还清晰地记得每次召开线上课题讨论会议时，要么有人在隔离，要么有人被封控，要么有人在排队做核酸，要么有人“阳”了以后正在接受治疗……无论遇到何种困难，所有人身上都表现出了不屈不挠的精神，这才是我们在特殊岁月里取得的重要收获。

“摧伤虽多意愈厉，直与天地争春回。”2022年，课题组把关于出版企业社会责任的实践经验和理论思考做了一个总结。2023年，我们迎来新的曙光，这将激励我们加倍努力，把出版企业履行社会责任的研究工作一直进行下去，把出版人践行社会责任的经验传承下去，让社会责任变成一束光，照亮出版企业的前路。

案例篇

2020 年，习近平总书记在企业家座谈会上指出：“企业既有经济责任、法律责任，也有社会责任、道德责任。”

我国出版企业积极践行社会责任，为推动可持续发展做出了应有的贡献。本部分的 10 篇案例从不同视角解读国内 9 家出版企业对社会责任的理解和践行。从责任理念的解读、责任实践的开展，到责任理想的坚持，充分展示了我国出版企业在树立良好责任形象中的不懈努力和不断进步。

出版企业的社会责任是什么？是为实现自身可持续发展而做的各项创新发展举措，是为促进社会可持续发展而贡献的各类科学智慧，更是用出版的力量推动人类文明的进程。

积极履行社会责任，不仅是出版企业的使命，也是全社会对出版企业的殷切期望。本部分中各家出版社的案例，一来为记录和解读，二来为发展和推广，把社会责任理念和要求全面贯彻在出版企业日常运营中，提升出版企业负责任、可持续的品牌形象，实现社会效益和经济效益的协调发展，提升中国出版企业的国际影响力。

为了特殊学生的教材[*]

——人民教育出版社社会责任实践观察

基础教育能够为每个人的生命打好底色，是人一生发展的基础。今天，全国大多数省份的学生在基础教育阶段使用过人民教育出版社（以下简称“人教社”）出版的教材。作为新中国首家教育出版社，成立于1950年12月1日的人教社，70余年来始终坚持党的领导，站稳人民立场，以支撑我国基础教育事业发展为己任，以服务我国亿万师生为责任担当，致力于基础教育教材和其他各类教材及教育图书的研究、编写、出版和发行工作。人教社是我国教育出版事业的国家队和主力军，坚持为党育人、为国育才，为基础教育的发展做出了重要贡献。

人教社编研出版的中小学教材为大多数教育人所熟知，但较少有人了解人教社为盲校、聋校和培智学校的特殊学生编写出版义务教育阶段国家

---

* 本文初稿作者为北京印刷学院新闻传播学院2021级硕士研究生张宇薇，经指导教师韩生华审定。

教材已近30年。本文以人教社编写出版特殊教育教材为切入点，讲述这家教育出版社持续履行社会责任的案例故事。

责任理念——让特殊学生拥有正规教材

关于人教社编写盲校、聋校和培智学校等特殊教育学校义务教育阶段各学科教材的历史，需要从头说起。

1951年10月，为提高人民群众的文化水平，推动教育均衡发展，周恩来总理签发《关于改革学制的决定》。该决定指出："各级人民政府并应设立聋哑、盲目等特种学校，对生理上有缺陷的儿童、青年和成人，施以教育。"可以看出，新中国成立初期，虽然教育工作头绪繁多，但国家对特殊教育十分重视，将其纳入国民教育体系，为的就是让残疾人特别是残疾儿童也拥有享受公平教育的权利。

受当时社会经济和各种条件的限制，特殊教育学校没有专业教材，只能使用普通学校的通用教材，特殊学生学习起来有很多实际困难。比如盲生，他们看不见黑板，又没有盲文教材可以使用，仅通过听教师讲解的内容上课，缺乏空间想象等方面的训练，课堂上能掌握的知识非常有限。又如聋生，虽然他们眼睛能看见，但耳朵听不见、口头表达能力有限，聋校只能挑选通用教材的内容来教学，但很难解决缺少语言训练内容的问题，学习效果大打折扣。再如培智学生，普通学校的教材对他们来说内容偏难，而他们更需要学习的一些生活常识、独立生活技能又没有相关系统教材。

缺乏适用的教材，是盲、聋、培智等特殊学生无法真正享受公平教育的一个重要原因。虽然国家有意发展特殊教育，但彼时特殊教育的相关研究还比较薄弱，对特殊教育教材的开发经验几乎为零，加之这类教材市场受众面小、投入大，多种困难使得这项工作迟迟没有启动。

编写特殊教育教材的转机发生在20世纪90年代。基于在编写出版教材方面的积淀，受当时国家教委委托，人教社正式承担起编写出版特殊教育教材的使命。自1994年起，人教社开始组织人力编写出版全日制聋校和盲校教材。2016年12月，《盲校义务教育课程标准（2016年版）》《聋校义务教育课程标准（2016年版）》《培智学校义务教育课程标准（2016年版）》正式颁布。同年，人教社依据这三类特殊教育学校义务教育课程标准，编写部分学科首批22册起始年级教材，2017年7月全部通过审定后于当年秋季学期投入使用。近年来，人教社一直坚持依据课程标准做好特殊教育教材的编写、送审、修订和完善工作。

那么，为特殊学生群体编写出版教材，除了为特殊群体所用，又有什么重要的社会意义呢？

其一，为特殊学生接受正规教育、实现人生价值提供智力支撑。

现实生活中我们总能看到这样的场景：无论是在繁华的闹市，还是在偏僻的小巷，人行道上总有一条纹路凸起的黄色竖条砖铺成的盲道，盲人走在这条特殊道路上就能循着凸起的指引，一步步安稳、自信地前行。盲道不仅把盲人脚下的路变长、变安全了，也是社会文明进步的标志。人教社为特殊学生“量身定制”的教材，就如盲道一样，为他们接受正规教育、掌握生活基本常识和技能、增强生活能力铺设了一条信心之路。更为重要的是，接受了正规教育的特殊学生有更高的概率顺利融入社会，过上自食其力、更有尊严的生活，实现更大的人生价值。这对于学生本人、家庭以及整个社会都有不可估量的重大意义。

其二，让特殊学生接受平等教育符合全球教育公平的理念和趋势。

随着我国教育事业的不断发展，教育质量不断提升，特教事业也在迅速发展，并向世界先进水平不断靠近。2015 年，联合国可持续发展峰会通过的 17 个可持续发展目标（SDGs）中第四项明确指出:“确保包容、公平的优质教育，促进全民享有终身学习机会。”这里的“公平”，是指减少教育不平等的现象，让各个国家的所有公民都能获得优质教育；这里的“全民”，不仅包括健全的普通人，也包括盲、聋、培智这样的特殊学生。2022 年 5 月 5 日，《关于为盲人、视力障碍者或其他印刷品阅读障碍者获得已出版作品提供便利的马拉喀什条约》对中国正式生效，进一步提高了我国对联合国《残疾人权利公约》的履约水平，彰显负责任大国在人权保障中的实际行动和美好形象，展现中国特色社会主义制度的温度与情怀。在这一大背景下，人教社编写出版特殊教育教材，不仅是将履行社会责任作为企业发展的首要任务，也使更多特殊学生受益于正规教材支撑的正规教育，体会到学习带来的快乐与成长。

责任行动——让特殊学生接受正规教育

特殊教育教材编写出版是一项庞大而艰辛的工程，人教社的教材专职编辑在教材选题策划、编写组织、编辑出版各个环节中都全身心投入，倾注大量心血。可以说这项工作对教材编辑的专业素养、责任心、忍耐力提出了更大的挑战和更高、更全面的要求，没有一定的编写水平和责任编辑经验，很难胜任这项工作。为此，人教社组建了一支由特教专家、学科专家、教材与教学研究专家及一线骨干教师共同组成的各学科特教学校教科书编写队伍，承担特殊教育教材的编写出版工作。

人教社编辑团队刚着手编写特殊教育教材时遇到的最大困难，是没有可参照的经验，不知从何入手。身为普通人，编辑们在没有真正了解特殊学生的具体情况时，是无法编写出既贴近特殊学生特点又符合特殊教育需求的教材的。不过，人教人始终牢记人教社第一任社长兼总编辑叶圣陶先生说的话："一切服务于读者。"这是人教社最宝贵的精神财富，也是人教人克服困难的法宝。秉持着"一切服务于读者"的理念，人教社的特殊教育教材编辑团队在开展全国性问卷调查的同时，还赴我国东部、中部、西部地区的256所培智学校和教研部门开展实地调研，不仅从一线了解到盲生、聋生和培智学生的不同特点，还为编写特殊教育教材找到了基本思路。例如，盲生虽然看不见，但可以用手指摸读盲文，并通过听力和感知获得知识；盲生的智力和普通学生无异，因此，盲校教材只需要将普通学校教材翻译、编辑、制作成"盲文"即可。聋生由于听力受损，长期处在无声的环境里，开口说话的能力弱，聋校教材要强化语言训练和沟通交往能力的培养。培智学生不仅在智力水平及适应能力上与普通学生差异显著，他们对事物感知、记忆等方面的速度较正常学生也要慢很多，知识存储容量也小，因此培智教材的内容应该清晰简单、通俗易懂，教材要想方设法让他们掌握解决实际问题的能力。

对特殊学生的基本特点有所了解后，人教社开始有针对性地编写教材。每一册教材的编写都要经过多次深入研讨，征求一线特殊学校教师的意见与建议，还要请相关专家认真把关。为提高特殊教育教材的针对性、实用性、科学性，人教社对特殊教育教材的内容、呈现形式、用纸及印刷等所有环节都要进行反复研讨和修改，丝毫没有因为受众面小就降低编辑出版的标准。相反，教材使用群体的特殊性，更让人教社对教材的编写慎之又慎，因为这些特殊教育教材承载的是特殊学生的未来。

细节决定成败。特殊教育教材编写出版的细节中也处处彰显了人教人高度的责任感和专业性。以盲生教材为例，目前国内通用的盲生教材是在人教版通用教材基础上改编的。改编并不是简单的删减，而是根据教学的需要，该完善的地方尽数完善。在内容编排方面，增加了听觉、嗅觉、触觉方面的训练，注重培养盲生的空间想象能力；在呈现形式方面，主要通过盲文摸读规律，引导盲生根据盲文六个凸起小圆点的位置，感受每个盲字的点位结构，从而理解和学习盲文。遇到一些比较复杂的知识点，人教社还在教材上印制了可触摸的图画，帮助盲生通过摸读准确理解原意。

聋生教材的编写把引导聋生开口说话作为主要目标。在内容编排时，特意减少对手语的依赖，强化听话、看话、说话能力的训练。教材中增加了口语交流的比重，帮助聋生提高交流能力。大版本、全彩色的新版聋校教材从外表上几乎看不出与普通教育教材的区别，只是其中语言训练的内容占比要大一些。

培智教材的编写原则是结合生活实际，帮助学生处理生活中遇到的实际问题。比如人教版一年级培智类教材《生活语文》中有学校生活、个人生活、家庭生活、自然与社会四大板块。教材的内容和识字量均符合培智学生特点，且页数比普通教材少得多，每页只有三四个像拳头一样大的字，内容都是与生活息息相关的简单常用词语，如“上课”“下课”等。

多年来，为了缩小特殊学生与普通学生在接受正规教育方面的差距，也为了特殊学生未来能平等地融入社会、发出光与热，人教社一直用心为特殊学生编写出版专门教材，并坚持按时将饱含心血的特殊教育教材送到每一位特殊学生的手中，默默践行这份沉重而光荣的社会责任。

责任理想——让特殊学生永远有教材可用

毋庸讳言，编写出版特殊教育教材比编写出版普通教材要花费更多的人力、物力和财力，经营成本核算从来都是只亏不赚。统计显示，每年人教社都要投入数千万元保障此项工作的顺利推进。以人教版盲文教材的印制为例，首先要把编译好的盲文凸点制成铝版，再一版一版地将凸点压印在每一张牛皮纸上，印出的每本盲文教材厚度是普通教材的四五倍，开本是普通教材的两倍。盲文凸点经不起重力挤压，所以盲文教材必须采用手工装订的方式，折页、配页、锁线、查页、装贴，装订员要不断地重复这个烦琐的流程。总体上，印制一本盲文教材的成本要比普通教材高出不止十倍，但教材定价却与相同学科的普通教材基本持平。

不仅是盲文教材，其他特殊教育教材售价基本上也都低于成本。如 2016 年教育部审定的普通学校一年级下册人教版教材，每册定价为 7.95 元，而版次为 2017 年 11 月第一版的人教版一年级下册培智类教材中的《生活语文》，每册定价仅为 5.05 元。

特殊教育教材高昂的成本，让不少出版社望而却步，但人教社始终没有停下脚步，数十年坚持编写出版义务教育阶段全品种特殊教育教材。因为他们深知，基础教育“功在当代、利在千秋”，不能因为教材使用者少、经济效益低而回避责任。人教社始终希望能为特殊学生群体做好服务，让他们永远有高质量的教材、受到同样的正规教育。

特殊学生的成长和发展，让人教社更加坚定了这种信念。2022 年 5 月，甘肃省天水市特殊教育学校举办教师优质课大赛，视障女生张慧玉手摸盲文教材深情朗诵的《黄河颂》受到大家的一致赞扬，当时她手中摸读的正是人教社出版的盲校语文教材七年级下册第5课的课文。张慧玉只是众多盲生中的一员，她虽然眼睛看不到，却和其他孩子一样享受了平等的教育机会，并能够用真挚的朗诵表达对黄河和祖国母亲的热情赞颂。

2022年7月19日，中国音像与数字出版协会发布《关于公布“2022年数字阅读推荐作品”和“2022年数字阅读推荐项目”推荐结果公示的通知》，人教电子音像出版社和人教社英语编辑室合力打造的《盲校英语（供低视力学生使用）三至六年级配套电子书》入选2022年数字阅读推荐项目。这项结合当下新媒体学习工具、支持和服务于盲校教育的公益性项目，给我国所有盲生和视障学生带来了福音。这是人教社在践行社会责任过程中取得的又一成果。

让特殊学生永远有教材可用，是一项伟大的事业，更是值得坚持和坚守的光荣事业。人教社为此探索了30多年，其中有艰辛的付出，也有幸福的收获，有成功的喜悦，也有挫折的遗憾。时代环境变了，出版社身份变了，市场需求更是瞬息万变，唯独不变的是人教人的初心和编写出版“培根铸魂、启智增慧”精品教材的担当。为了编写好适应新时代要求的一流特殊教育教材、促进教育公平，今天的人教人正继续肩负起这份沉甸甸的责任和使命，孜孜不倦地在特殊教育教材的编写出版工作中探索进取。

写作感言

撰写人民教育出版社案例故事稿给予了我第一次接触特殊教育、第一次了解特殊教育学生、第一次深入学习出版企业社会责任的机会。在未曾接触特殊教育之前，我对编写出版特殊教育教材的认知过于简单，以为只要把知识编进教材即可。然而，在经历了长达几个月的写作之后才逐渐明白，与编写出版普通中小学教材相比，编写出版特殊教育教材是一项极具挑战性的任务，编好适应新时代要求的一流特殊教育教材更是多有不易。

刚接到写作任务时，老师启发我，要想写好人教社特殊教育教材的案例故事，首先要了解特殊学生群体。于是，我开始在互联网上大量搜集关于特殊教育学校、特殊学生的文本资料、图片、课堂教学视频等，仔细观察他们的课堂氛围、使用教材和教师授课的方式。我发现，即使是特殊学生，盲、聋、培智学生之间的差异也是很大的。盲生大多听力不是问题，但只能用手指摸读教材；聋生大多视力没有障碍，但语言表达能力有限；培智学生大多视力和听力不是问题，但基本的独立生活能力不够。基于这些了解，我切身体会到人教社特殊教育教材专职编辑在编写教材时的不容易。每个特殊学生都是独特的，因为学生的障碍类型不一样，在编写出版教材时需要制定适合不同类型特殊学生的教学方法。编辑们只有根据不同类型特殊学生的特点，广泛开展调研，才能做到“因材施教”。

在人教社编写特殊教育教材的案例故事中，另一个让我深有感触的是，这家出版企业并没有因为特殊教育教材的成本高昂、经济效益低而回避社会责任。如何平衡履行社会责任与获取经济效益之间的关系，是很多企业必须面对的一个问题，人教社也不例外。编写出版特殊教育教材需要耗费大量的人力、物力、财力，人教社也并没有因此而舍弃社会责任，一直默默地用行动诠释着责任与担当。

做好一件事不难，难的是持之以恒。人教社为盲校、聋校和培智学校的特殊学生编写出版义务教育阶段国家教材已近30年，他们“让特殊学生拥有正规教材”的责任理念、“让特殊学生接受正规教育”的责任行动、“让特殊学生永远有教材可用”的责任理想深深地感动着我。

这次案例故事稿写作，对我来说尤为珍贵。在韩生华老师的带领下，我们课题组通过案例写作了解企业社会责任。我们学习了企业社会责任的内涵和价值，聆听了多场企业社会责任的相关讲座，学习了很多优秀的企业社会责任报告。撰写出版企业社会责任案例故事稿，拓宽了我们的视野，这也是我人生中受益匪浅的一段旅程。我想在此感谢写作过程中帮助过我的老师、课题组同学以及人民教育出版社给予的宝贵机会。

愿每个人都能肩负起自己的责任，做一名有责任感和使命感的人，在生活中奋勇直前。

初稿作者：张宇薇

为了开学的新教材*

——人民教育出版社社会责任实践观察

使用人教版教材的中小学生在新学期开学后最快乐的事，莫过于看到一本本印制精美、飘着书香的新教材。他们哪里会想到，他们最快乐的寒暑假期是人民教育出版社（以下简称“人教社”）和全国各地教材出版人最忙碌的时候。

编写出版和组织发行中小学教材，是人教社最重要的一项工作。为了做到“课前到书，人手一册”，保障全国中小学生平等享有受教育的权利，保证新学期有新教材，人教社统筹各个环节，已连续 70 余年保质保量完成这项艰巨的任务，努力践行着一家教育类出版企业应尽的社会责任。本文围绕这一主线，讲述人教社践行社会责任的故事。

* 本文初稿作者为北京印刷学院新闻传播学院 2021 级硕士研究生张宇薇，经指导教师韩生华审定。

扮演好“统筹”角色

新中国成立初期，纸张紧缺、印刷能力不足、交通条件落后，社会主义教材出版在这样艰难的状态下，探索出了一种区域协作的模式。1951年3月26日至4月3日，经出版总署批准，人教社与新华书店总店联合召开第一次全国教科书出版会议和课本发行会议。会议对新中国中小学教科书出版发行工作进行了认真的研讨，明确教科书的出版发行工作要做到“调整生产、准时出版、及时供应”，要求各单位分清职责、订立合同，加强教科书的调查统计工作，以保证教科书及时供应。会议还确定对教科书采取分地印造的办法，以及“信用预定、预印预发、先远后近、先山区后平原”的发行原则。1952年7月，人教社召开了第二次全国教科书出版会议，明确了人教社同地方出版单位、发行单位的协作关系。1955年秋季，人教社落实教育部、文化部《关于课本分地造货办法的规定》，中小学教材实现统一编写、统一出版，由新华书店统一发行。这套跨区域、跨行业的协作机制一直循环运转，大大降低了从生产供应到教材发行工作的成本，大大缩短了教材的发行周期，确保“课前到书”政治任务的完成。

1976年后，人教社与地方出版、发行机构的协作关系重新得以确立。1977年12月，教育部和国家出版事业管理局联合召开了全国教材出版发行工作会议。会上制定了1978年度中小学教材出版计划，即中小学教材今后由教育部负责统编，计划在3年内完成，其中1978年秋季中小学一年级和部分课程的统编教材共22种，由人教社出版并供应纸型，分省印制发行，在1978年秋季开学前完成。会上提出教材要“按时、足量”供应学校，做到“课前到书，人手一册”。从此以后的几十年里，“课前到书，人手一册”就成为教材出版人对全国中小学生的一份庄严承诺。无论是繁华城区，还是偏远山区，为了让孩子们在春秋两季开学都可以拿到课本，人教社与全国各地出版单位不管面对什么困难，都会顽强地一一克服。

通常情况下，一本图书的生产流程包括内容编辑、复制、发行三个环节。出版社的主要任务在前端，内容确定后，出版社的任务就基本完成了，后续的复制、发行工作就由印刷厂和书店完成。但教材不是一般意义上的图书，教材是传播知识的主要载体，是老师教学、学生学习的重要工具，其内容质量、印刷装订质量、发行质量的每一个环节容不得有半点失误。十余年来，人教版的教材被全国 50% 以上的学生选用（有的学科、有的学段使用占比更高，统编教材达到 100%），在这样大的生产、发行压力下，人教社与全国各地的相关出版单位共同探索建立“租型代理”的教科书供给合作模式。由人教社完成教材的编辑出版，再委托各地出版单位代理印制、发行。人教社需要从头至尾做好统筹工作，提前谋划、全面部署，促进编印发环节和各方资源有机协调，监督和把控全部流程，确保编印质量，做到万无一失。所以“课前到书，人手一册”这一政治任务的顺利完成，离不开人教社的统筹协调，离不开各个环节的通力配合。

统筹工作在教材印制环节，主要体现为与各省代理单位紧密团结、精心组织印刷生产，不断加强印制督导工作。由于教材的使用群体主要是少年儿童，为了最大限度地保护少年儿童身心健康，从纸张的质量到供应，从油墨的选择到机器的调试，从印制时间的安排到技术的保障，不仅要严格要求，更要做到精益求精、一丝不苟。与此同时，在教材生产的全流程，人教社还会对教材质量进行抽样检查，随时了解教材的印制进度，协调安排、督促生产、保证速度、确保质量。在教材发行环节，为了保证发行工作顺畅，人教社不仅要不断跟进、及时掌握全国各地教材发行的进展情况，与代理单位反复沟通，梳理、汇总、解决发行中遇到的问题，与各省份教育行政部门联系，密切关注当地中小学具体的开学时间，还要用心去维护与全国各省份新华书店保持多年的社店合作关系。

教材无小事。自 20 世纪 50 年代至今，人教社与各地出版同行认真面对教材出版发行的每一道工序、每一个细节，为保证“课前到书，人手一册”付出了心血和智慧，体现出一家负责任出版企业的担当。

印制“最好的”教材

2018 年 11 月，在人教社举办的第 30 次全国中小学教材工作会议上，人教社牵头，联合全国各地出版集团、印刷企业、纸张生产企业、原辅材料生产企业共同发出倡议书：“用最好的纸，最好的墨，最好的胶，最好的设备，最好的工艺，最优秀的技术人员，印制最好的教材。”此次倡议书中所表达的，也是人教社与全国出版同行几十年如一日共同努力的方向——印制最好的教科书。

众所周知，教材印刷的油墨、胶黏剂中含有铅、汞等重金属，有毒化学物质会在空气中扩散。油墨干燥后，虽然绝大部分挥发性有机溶剂会消除，但仍会有部分残留。学生长时间接触教材，阅读用此类油墨印刷的书本，吸入的气体会影响大脑中枢神经，影响学生智力发育，对健康造成威胁。一两本书或许不会对学生造成多么严重的影响，但是学生每天都生活在很多本教材中和满是教材的教室环境里，如同冰冻三尺非一日之寒，日积月累，后果不堪设想。因此，教材印刷所用材料至关重要。如何在学生长时间看书的情况下还能保护学生的身体健康呢？人教社对教材印刷提出了更高的要求：让每个学生用到既环保又健康的教材。除了教材内容准确无误，教材质量同样应该受到重视。

2010 年 6 月 22 日，遵照新闻出版总署关于大力发展绿色印刷的指示，由总署印刷司牵头开展了教材绿色印刷印制的试点工作，人教社和中小学教材印制的印刷企业以及环境标志油墨生产企业开展中小学教材绿色印刷试点工作。人教社在同各省代理单位签订的中小学教材代理协议中明确要求，中小学教材印刷须达到绿色印刷标准。由人教社自印安排的印刷企业必须达到绿色印刷企业认证。2014 年底，人教社和技术合作方共同组织了两场针对代理单位和承印企业的绿色印刷培训活动，收到了良好的效果。自 2015 年秋季开始，人教社向各代理单位供应的义务教育教材封面文件均添加绿色印刷标识。在各代理单位共同努力下，人教版义务教育阶段教材已全部实现绿色印刷。

所谓绿色印刷，一是在纸制品的选择中，使用国际森林可持续体系认证的纸制品。二是在印刷的过程中，要求使用环保油墨，即具有中国环境标志认证的油墨产品。三是在印后过程中，要求教材印刷厂参照国家环保胶黏剂标准执行，并且注重节能减排。这种既对生态环境影响小、污染少，节约资源和能源，又保护学生身体健康的印刷方式，在人教社教材印刷环节全面实施。

2021 年 6 月 4 日，CCTV–4 中文国际频道《国家记忆》播放的五集纪录片《统编教材》第五集“行稳致远”，对人教版教材印刷进行了幕后记录。其中，令人印象最深刻的是来自北京新华印刷有限公司品质管理部主任吴中宾的一席话。吴中宾一直工作在印刷厂的品质把控一线，提到人教版教科书的印刷时，他介绍道：“国家对教材设有独立的标准，针对中小学教科书，教材所使用的纸张，就是平整度、耐折度，包括它的发光度都有标准。现在我们不但要达到中小学教科书的印制标准，还要达到绿色印刷的要求。”每一本教材出厂前都要经过30多道严格的质量检测，完成后才会统一打包、装车，通过物流系统运送到全国各地每一所学校、每一位学生手中。谈到如何对教材质量进行检测时，吴中宾说：“我们印的每批中小学教材还要送到第三方去质检，给这一本书打碎，打碎了以后检查重金属和有毒物质含量，这个值不能超标，环保部门有标准。”每一本人教版教材背面，清晰可见地印有两个标识：中国环境标志和绿色印刷产品标识。它们明确表示人教版教材原辅材料和印刷形式均获得绿色环保认证。

每年的教材印刷季节，全国主要的大印刷厂差不多要同时开机印制10亿多册人教版教材。全国各地印刷厂技术能力、设备情况、管理水平不尽相同，而人教版教材的印装质量统一稳定在合格标准以上，并且逐步提高，这又是一个持续了40多年的行业佳话。

为保证各地教科书的印装质量，人教社自1981年开始每年举办全国31个省份（不含港澳台）的教材印装质量检测活动，并评出印装质量优秀的省份，至今已经坚持了40余年。

为了保证公平性，每个省份从教材样品中随机送选全品类的人教版教材，人教社的工作人员对教材进行编号，同时撕下版权页、有印刷信息的内容页，随后来自全国各地的专家们分组对每一本教材进行打分。这个打分过程可以说是一场“教科书的选秀”，专家们要翻阅每一页内文，要看教材的用纸是否合乎要求、印刷是否存在接版问题、四色印刷的套印是否精准、装订是否存在露胶等问题。专家们根据每本书的各项表现进行评测，最后综合评定这本书的级别：优、良、合格、不合格。

正是因为如此高标准、严要求，每个省份的印制企业都特别重视人教社每年组织的教材印装质量检测。检测不仅是为了评比，更是为了找到教材印装中可能存在的风险、隐患，彼此学习、交流，不断提高教材印装整体水平，更好地为中小学生提供好教材。只要用心找差距、积极地寻找解决问题的办法，一些地处偏远、经济欠发达的省份也能印制出质量很好的教材，比如新疆维吾尔自治区。这些年，来自新疆的教材每年的评测成绩都名列前茅。组织当地教材印制工作的新疆教育出版社干部贾秀峰说，他从事印刷出版工作已经30多年了，为了能给学生们提供最好的教材，每年教材供应季，他和同事们都要去新疆的各个印厂“监工”，向先进地区认真学习，提高印装质量。新疆的印刷厂数量多且分散，走完一遍要花很长的时间，但他们每年都一个地方、一个站点地检查，用自己的专业技能去保证教材生产。他们非常感谢人教社创造的全国性印制行业共同受益的平台。

课前书必到

每逢开学季，全国各地的中小学生都能按时拿到新学期的教材，对于广大师生来说，这是一件再平常不过的事。然而，这件大家都觉得如此平常之事的背后，却需要各流程、各环节通力合作。

开足马力的印厂、堆满教材的仓库、有序的调度运输，每年每季教材的发运都是这样拉开繁忙的序幕。时间紧、任务重、范围广、季节性强，是教材发行工作的重要特点。

在有限的时间内将教材送达，保证“课前到书，人手一册”，要靠教材出版人强烈的责任感和使命感。在教科书的出版史上，无论是复杂的地理条件，还是自然灾害、疫情肆虐，都不曾阻挡人教社将课本送到学生的手中。

每年冬季最冷、夏季最热时，正值人教社一年中最繁忙的教材发行季。北方地区降水持续增多，而南方地区的天气上演“变脸”的绝招，暴雨和高温轮换着登场……在这种情况下，极端天气、交通运输不便等不可控因素，都会影响“课前到书”的进度。每到这时，人教人就会挺身而出，他们携手各地合作伙伴迎难而上，迅速地推进相关工作。一方面，人教社主动研判各省份情况，有针对性地调整对有自然灾害的省份、边远地区、运输困难地区及少数民族地区优先发货的供书策略；另一方面，人教社全力协调配送公司、各基层发行网点做好配送工作，合理安排教材发运，实时关注极端天气和掌握教材送书到校情况。只要教材还没送到学生手里，人教社就一刻也不能放松下来。他们不惜代价、不计成本，全力保障教材发送到位，彰显了教材发行人的责任担当。

2008 年 5 月 12 日，一场突如其来的特大地震灾害降临四川及周边省份，四川出版集团公司的全体员工义不容辞地承担起了出版工作者应尽的社会责任。人教社在第一时间就打来慰问电话、询问灾情，并传达了人教社领导的指示，要求在抗震救灾的工作中，一定要把受灾学生课本、文具的补充和复课教材的准备工作放在全部工作的首位，一切为了教育、一切为了孩子。紧接着，人教社派出了以分管副社长带队的工作团队迅速赶往灾区，靠前指挥，是全国（除四川之外）最先进入灾区的出版企业。经过昼夜苦战，仅仅用了两天的时间，首批加印的中小学各年级教材 41 个品种 5 万册教材全部赶制完成。

最近两年，人教社在教材发行工作中遇到的最大困难就是新冠疫情。2020 年 1 月，教材印制发行攻坚战已经悄然打响了。疫情导致复工复产延迟，人教社教材发行工作也被按下了暂停键，“课前到书”任务面临前所未有的挑战。印刷厂停产，纸质教材无法及时印制，新学期的教材就发不到学生手中，但学生的日常学习可容不得耽误，线上教学绝不能停。为了不耽误学生的学习，保障全国中小学师生“停课不停学”，人教社做出了一个惠及全国中小学生的决定：将义务教育、普通高中和盲、聋、培智等教材及教师用书的电子版全部免费上线。

在常人看来，发布教材电子版就是先把纸质教材扫描一遍，再将扫描版本直接上传到网上，轻而易举就能完成。然而，人教版春季教材涉及 20 多个学科（学段）的近 600 个品种，要在极短的时间里让如此多的教材上网，在人教社历史上也是头一回，难度可想而知。人教社既要确认教材品种目录，还要对文件内容进行核对，检查有没有多字少字的地方……这些零星琐碎的步骤，难以计算需要耗费多长时间，这无疑要求人教社在极短的时间内完成巨大的工作量。更何况，教材可不是传到网上就结束了，后期对教材访问、下载平台的运营维护也会产生较高的成本。

在人教版教材电子版免费上线同时，人教社及其所属人教数字出版有限公司又着手把“人教点读”App 内数字教学资源全部免费开放给全国中小学生。人教社站在学生角度，考虑到这个 App 内资源更加丰富，涵盖国家统编三科教材和人教版数字教材以及上千个与教材同步的视频、音频微课堂，对学生自主学习有很大帮助，于是毫不吝啬分享资源，为了学生倾其所有、尽其所能。

为了尽快让学生们用上“人教点读”App 内的教学资源，人教社相关业务人员连夜研究技术方案，专门成立攻关小组。受疫情影响，人教人只能在家办公，但他们的电脑和手机 24 小时不断电，生怕错过一条信息、一个电话。连续开了数小时的线上会议，迅速制定免费开放方案。只用了短短一个小时，就完成了“人教点读”App的调整和测试，实现产品对用户的免费开放。人教社迫不及待地通过“人民教育出版社”“人教教材培训”“人教数字”“人教数字教育”等自媒体向公众传递信息，第一时间把“人教点读”App免费开放这个好消息告诉了广大师生。

人教社社长黄强说:“人教社将自觉担负起服务保障疫情防控大局的政治责任和社会责任。目前，我们正在为全社会免费提供人教版教科书及部分配套出版物的电子版。疫情给保障春季开学后统编三科教材及其他各科教材、教师用书、教辅图书和相关电子音像、数字出版物等配套产品的‘课前到书’带来了很大压力，人教社高度重视、提前谋划、周密安排，将在确保做好防疫工作的同时，最大限度地保障教学用书的供应，服务于‘停课不停学’。”在疫情防控特殊时期，这也是一次别样的“课前到书，人手一册”经历。

每一本高质量教材的诞生离不开人教人的辛勤汗水。教材出版发行工作责任重大，人教社不仅妥善处理好质量与效率的关系，处理好统筹协调与分工合作的关系，还处理好社会效益与经济效益的关系，把教材出版社会效益放在首位，确保“课前到书，人手一册”。

道阻且长，行则将至。从新中国成立伊始到改革开放初期，再到新时代新征程的今天，教材出版发行的路由崎岖泥泞变得平坦宽阔，教材也跟随时代的步伐发生了翻天覆地的变化，不变的是人教社的担当意识和责任理念。人教社一直在“课前到书，人手一册”这条路上努力前行，走过了70多个年头。他们秉持着“培根铸魂、启智增慧”的高度责任感，自觉履行着一家教育类出版社应尽的社会责任。心怀“国之大者”，人教社将继续做好教材出版发行工作，在这条送书路上勇毅笃行、躬耕不辍。

写作感言

“课前到书”是人民教育出版社持续履行社会责任的另一个案例故事。经过这次案例故事稿写作，每当我看到桌子上摆放着印制清晰、装订精美的人教版教科书，总会感慨不已。

通常情况下，老师和学生使用的人教版教科书，都是由学校直接发放到师生手中，他们很少会联想到发行的事情。在撰写这篇案例故事稿之前，我也觉得新学期开学第一天收到全新的教材是再普通不过的一件事。然而，看似平凡的背后，人教社默默付出了很多不为人知的努力，他们不仅要全面部署，从头至尾做好统筹工作、促进编印发各环节的通力合作，还要对教材每一处细节都进行精准把控，克服重重困难，最终才能把教材送到全国各地中小学生的手中。

在搜集人教社“课前到书”案例的素材时，让我印象最深刻的是一组照片：新冠疫情期间，为保证“课前到书”，工作人员在堆满教材的仓库中埋头工作，打包成捆、搬运装车，满载教材的车身上还挂着“全力完成课前到书政治任务，确保停课不停学”的条幅。由此可见，人教社对“课前到书”这项政治任务是高度重视、全力以赴的。

“三重底线理论”认为，企业要想实现可持续发展，就要履行最基本的经济、环境和社会责任。这次撰写人教社“课前到书”案例，我还发现了这家出版企业在环境保护方面履行的社会责任。对于教材所使用的油墨及印制过程涉及的化学原料，人教社为把好这一关做了大量的工作，努力做到学生们天天要用的教材是安全、环保的。

新闻出版工作是文化事业的重要组成部分，也是党的宣传舆论阵地，肩负着意识形态导向的使命。由于出版行业特殊的性质，出版企业既有意识形态属性，又有产业属性，既要把社会效益放在首位，又要实现社会效益和经济效益相统一，出版企业履行社会责任的重要性不言而喻。这也是我此次参与出版企业社会责任研究课题时体会最深的一点。之前在课堂上常常听老师讲新闻出版肩负着特殊的社会责任时，我对此的理解还停留在理论层面，总感觉不到新闻出版有什么特殊性，这次写案例故事稿是一次将理论与实践结合起来的过程，许多抽象的内容被一个个故事具体化了。我们有一门课外作业是要求分享一个实践活动，我把自己撰写人教社履责的故事讲给同学们听，大家都夸我讲得生动、形象、有内涵，其实我知道，自己只是了解一点皮毛而已，今后还需加倍努力。

在此，我从心底想说一句，感谢愿意给我们这些还没走出校门的学子提供学习、实践机会的所有出版企业！在我看来，有了他们的支持，责任的种子已经深深地埋在了我们的心底。今天我们在校园里研究文化企业的社会责任，明天我们走上新闻出版领域的工作岗位后，就要用实际行动丰富社会责任的内涵。我们值得期待！

初稿作者：张宇薇

让建筑校园溢满“书香”*

——中国建筑工业出版社社会责任实践观察

在北京市海淀区三里河路上，最重要的标志性建筑莫过于始建于 1954 年的住房和城乡建设部办公大楼了。中国建筑出版传媒有限公司（中国建筑工业出版社，以下简称“建工社”）同样成立于 1954 年，办公楼也在这条街上。建工社后来在这条街上新建了一幢办公楼，从很远处就能看见这幢高层建筑最高处“中国建筑出版”6 个火红的大字和企业标识。

建工社是隶属于住房和城乡建设部的一级专业出版社，也是我国唯一一家专门面向建设领域、为建设行业服务的中央级专业科技出版社。自成立以来，建工社一直秉承“团结、敬业、诚信、创新”的社风，以服务国家发展战略、服务建设行业发展、服务住房和城乡建设部中心工作为己任，聚焦土木建筑类的学术专著、教材、标准规范和考试用书等，累计出

* 本文初稿作者为北京印刷学院出版学院 2021 级硕士研究生蒋凯瑞，经指导教师韩生华审定。

版了 4 万余种出版物，被中宣部、国家新闻出版署评为全国首批“优秀图书出版单位”。

在 60 多年的奋斗历程中，建工社努力满足住建行业日益增长的文化产品及服务需求，默默履行着一家出版企业应尽的社会责任。从 2017 年开始，他们积极响应国家关于推动高校校园书店建设的号召，凭借自身创立中国建筑书店的经验和优势以及为建筑学子办实事的责任和情怀，先后为全国 8 所建筑类院校建设了校园书店。如今，这些书店不仅是高校师生获取最新专业图书和服务的地方，也是建工社推动全民阅读、让校园溢满“书香”取得的丰硕成果。本文以建工社建设特色校园书店为切入点，讲述这家老牌建筑类专业出版社践行社会责任的案例故事。

建工社的初心：让建筑类高校有校园书店

围绕建筑建设提供相关图书及产品服务，是建工社对自身发展的定位。60 多年的奋斗历程中，建工社的规模逐步扩大，服务内容不断完善。虽然时代背景发生了变化，但建工社自始至终将教材建设作为重要的业务板块，一直承担着土木建筑类专业教材的策划与出版工作。2003 年建工社成立了教材中心，2015 年成立高教教材中心和职业教育教材中心，2017 年专门成立了教育教材分社，不断加强教材建设和出版力量，满足建筑类高校日益增长的各种需求。

1999 年我国开始普通高等院校扩招后，学生增加的同时招生院校数也有所增加，建筑类高校也不例外。众所周知，教育是提升综合国力的基础，高校培养人才的质量和数量关乎国家发展速度。高校是大学生读书、学习、成长的地方，扩招后高校学生的阅读情况如何？获取图书的条件如何？有哪些问题需要解决？教育部曾于2015年发出通知，专门在全国范围内组织了对高校有无校园书店及校园书店所在位置、功能和经营情况的摸底大调查。令人失望的是，大学生的阅读量与阅读条件、图书供应、阅读环境等很多方面不容乐观，社会上对“高校只有饭店没有书店”的诟病也越来越多。

2016年6月，中宣部、国家新闻出版广电总局、国家发展改革委、教育部、财政部、住房和城乡建设部等11部门联合下发《关于支持实体书店发展的指导意见》，明确提出“引导和推动高校加强校园书店建设，鼓励发行企业参与高校书店建设，各高校应至少有一所达到一定建设标准的校园书店，没有的应尽快补建”。

高校至少要有一所像样的书店。这既是相关部门对高校精神文化产品和服务提出的具体要求，也是高校扩招后提升学生阅读质量的一个抓手。

一方面是国家经济快速发展对高素质劳动者的需求不断增长，另一方面是高校扩招后精神文化产品的供给能力捉襟见肘。与此同时，实体书店还要面对数字技术发展背景下人们购书和阅读习惯发生的变化。建工社开始思考，能否在这种时代背景下，通过帮助建筑类高校建设特色书店，解决一些实际问题，从而更好地履行一家出版企业应尽的社会责任。

建工社曾于2003年办过“中国建筑书店”，深知书店是重要的文化设施和文明载体，在促进城乡文化产业发展和文化市场繁荣、巩固先进文化传播阵地、推动全民阅读、建设书香社会、提高全民素质等方面有着非常重要的作用。多年来，建工社已经在建筑类图书出版以及作者资源、内容资源等方面形成了独特优势，尤其是在建筑类教材出版方面颇有建树。帮助建筑类高校建设校园书店，建工社有能力也有实力。

支持建筑类高校建设校园书店，是因为建工社知道，建筑类图书专业性强、技术更新快、内容庞杂，图文并茂的“大部头”图书较多。如果校园里有实体书店，不但能减轻学校图书馆的压力，还能在方便师生购书、传播知识、增强校园学术氛围、引导学生学习等方面发挥作用，成为高校教书育人的有益补充。此外，在建筑类高校校园里建设有建筑特色的书店，也有利于建工社把最新、最前沿的图书产品以最直接的方式快速提供给高校师生，这不仅对推进全民阅读、建设“书香中国”有重要作用，还对建工社进一步深化教学服务、塑造出版社品牌大有裨益。

经过对党和国家相关政策的认真学习，以及对市场需求的深入调研，建工社认定，他们应该发挥国有文化企业的带头作用，为建筑类高校校园书店建设贡献一己之力。

企业社会责任的学术研究中有这样一种观点：企业既是一个经济组织，更是一个社会成员；企业不仅要赢利，还要为国家分忧、为社会服务，这是企业作为组织存在的初心。

响应国家号召，满足高校需求，为高校校园书店建设出力，是建工社的初心。此外，建工社聚集着一大批从建筑类高校毕业的员工，他们有为建筑学子提供服务的热情。在责任、情怀、初心的感召下，建工社踏上了为建筑类高校建校园书店的探索之路。

建工社的探索：开创校园书店建设新模式

网络的兴起和数字阅读的普及，让实体书店的经营举步维艰，建工社要建校园书店，挑战可想而知。然而，眼前的困难没有挡住建工社前进的步伐，他们成立了校园书店建设领导小组和工作小组，研究制定了校园书店建设工作方案，开始了对校园书店建设模式的探索。

在什么样的高校建校园书店？明确建设服务对象是建工社首先需要解决的问题。建工社是住房和城乡建设行业的专业出版社，为住建行业服务是建工社的职责所在，于是他们把建设服务对象定位于全国建设类院校或土建类专业学生数在3000人以上的高校，以服务行业专业院校为主，兼顾其他类型高校。

建什么样的校园书店？校园书店的定位是建工社反复斟酌的问题。他们邀请相关领域专家到出版社共同讨论，最终达成共识：要突出建筑特色，提供的图书和服务要具有“靶向给药”特点，要充分将高校的需求、特点与建工社自身的优势和资源紧密地结合起来。

校园书店要有哪些功能？虽然建工社办过中国建筑书店，但在建校园书店时他们并没有“照搬照套”，而是充分考虑了高校学术氛围浓、年轻人充满活力、许多高校新建了图书馆等特点，以及高校软硬件条件、服务升级需求、书店运营成本等因素。建工社认为校园书店不仅是买书看书的地方，还要具备图书展示和阅读、学术交流、勤工俭学、创新创业、饮料供应等特色功能和服务。将校园书店的功能定位于“图书销售 + 文创 + 咖啡茶饮 + 文化活动”多业态服务模式，这在当时具有一定的引领性。

校园书店的运营原则是什么？校园书店的建设方案是由建工社、学校、经营方共同商讨决定的。建工社提供书店设计方案和特色呈现的要素；学校给予减免场租费、水电费等优惠政策；经营方具体负责书店的建设和运营。校园书店不仅是图书销售、新书发布、作品签售、读书沙龙、学术沙龙的文化场所，还可以是艺术、手工、创新等汇聚各方资源的文化社区，要按照市场化原则运营，围绕图书展开各种活动，使之规范化、常态化。做好了充分的准备工作后，建工社开始了校园书店的建设工作。

建工社第一个校园书店建在徐州工程学院（以下简称“徐工院”）。徐工院成立于1959年，建筑类专业是其历史悠久的优势专业，建工社曾向这个有60多年历史的学校图书馆赠送过大批图书。2016年下半年，徐工院要重新设计本校图书馆。建工社得知这一信息后提出共建校园书店的想法，双方一拍即合，之后就书店定位、功能要求和建设要素等问题面对面讨论了十余次，最终决定在徐工院逸夫图书馆辟出专门场地建设校园书店。

为了让徐工院校园书店更具可持续发展的能力，建工社邀请博库书城徐州有限公司加盟，具体负责书店的运营。建工社、徐工院和博库书城达成约定：徐工院书店里建筑专业图书与社科人文类图书各占一半；建工社负责提供图书资源并统筹书店风格，协调三方关系；徐工院负责提供建设场地并给予场租和水电费的减免等优惠；博库书城负责校园书店的经营。三方优势互补，在各自擅长领域各尽其责，以实现三方共赢为目的。

2017年4月23日是世界读书日，博库书城·徐工院店正式揭牌。来自北京建筑大学、吉林建筑大学、山东建筑大学等20多所高校的图书馆负责人参加了在徐工院校园书店举办的研讨会，大家纷纷为建工社牵头建立的我国首家以建筑类图书为特色的校园书店点赞。

徐工院校园书店的影响力不断扩大，引起主流媒体的关注。2019年1月4日，《人民日报》（海外版）“让书香温暖校园”专题版面介绍了博库书城·徐工院店建设经验。同年7月25日，央视《新闻1+1》栏目“大学，书店来了，阅读来不来？”的报道中，充分肯定了徐工院校园书店建设、管理和经营发展等方面的做法。

2019年6月，博库书城·徐工院店荣获“2019江苏最美书店”称号，这也是江苏省十佳获奖书店中唯一一家高校校园书店。

徐工院校园书店是建工社建设校园书店中的一个缩影，是建工社服务高校文化建设的一个案例，是建工社为推进实体书店发展贡献的一份力量，也是建工社推动全民阅读的一项成果，更是建工社为社会履行的一份责任。

建工社的心愿：让建筑类高校都有校园书店

博库书城·徐工院店投入运营后，不仅是学校里的一抹亮色，还是师生包括周边居民争相“打卡”的地方。

建工社建设校园书店的探索，实现了三方共赢的目标。对建工社来说，他们把最新出版的建筑专业图书送至校园，既展示了精品图书，又能通过销售情况及时收集需求信息。对学生们来说，书店就在校园，解决了就近购书的“最后一公里”问题，便于学生了解建工类专业书籍和各种文创产品。此外，在书香萦绕下，或阅读，或休憩，或开个小型会议，对学生而言都是非常好的选择。对经营方来说，学校提供场地分担了运营成本，解除了后顾之忧，有利于他们专心致志做好经营。

徐工院店的建设模式基本成熟后，建工社开始在其他高校“复制”。

2018 年 11 月 25 日，科建·城建学院书店在湖南城建职业学院举行揭牌仪式，这是建工社推出三方共建校园书店模式后的第二家书店。在书店精品图书展示区，有建工社捐赠的价值 40 万元的图书；在图书销售区，建工系列专业图书占比在 80% 左右；在文具销售区，建筑工程专业使用的画板、丁字尺等必备文具琳琅满目。

2019 年，建工社在西南地区打造的首家校园书店——重庆建筑工程职业学院“建工书屋”正式运营。在 2019 年“书香中国万里行”中国高校校园书店优秀案例评选中，“建工书屋”入选中国高校校园书店优秀案例。

盛文·北方新生活学成店是建工社与辽宁出版集团、沈阳建筑大学合作打造的书店，也是辽宁高校“一校一店”文化工程的重点项目。这家校园书店投入运营后得到社会各界有识之士的高度评价，“大学文化建设的闪亮名片”“距离师生最近的文化体验新高地”等美誉纷至沓来。学成店除了推广文化活动、设计校园文创产品外，还推出大学生店经理培养计划，兼职大学生占全部员工的50%以上，成为高校“双创”的新平台。

2019 年，建工社与江苏城乡建设职业学院和常州新华书店联合打造文心书房·城建校园店。这家校园书店不仅服务于本校师生，也服务于市民，已经成为公共阅读空间。文心书房·城建校园店经常发放友邻卡，周边居民可凭卡来阅读、购书。这家校园书店不但提升了学校的阅读氛围，还带动了周边社区居民的阅读热情。

西安建筑科技大学校园书店是由建工社、西安建筑科技大学、西安市新华书店、西安小院生活馆商业运营管理有限公司 4 家单位通力合作建成的。2021 年，西安建筑科技大学办学 125 周年暨并校 65 周年庆祝活动时举行了校园书店揭牌仪式。这是建工社送上的一份意义深远的贺礼，也是目前全国范围内首家集图书零售、教材发行和馆配图书于一体的校园书店。

从 2016 年至今，建工社已经在全国 8 所建筑类院校陆续建成了校园书店。一个个校园书店在校、企、社三方的共同努力下，充分发挥了各自优势，实现了资源共享，取得了良好的社会效益和经济效益。这种强强联合、三方跨区域合作的探索，成为产、学、研领域校企合作共赢的典范，既开创了校园书店建设的新模式，还为文化产业的融合发展提供了新思路和新范本。

以高校为主阵地，以图书为纽带，将校园书店打造成向青年学子传播人文精神的重要阵地，是建工社秉持的理念。建工社还在继续努力，建工社希望全国建筑类高校里都有全品种的建筑书店。建工社也给自己定下目标，未来5至10年要在全国陆续建设40至50家校园书店。

建校园书店，建工社是发起者、是推动者，更是执着的坚守者。建工社探索出的“共同建设、共同使用、共同管理”模式，为全国校园书店建设提供了宝贵的实践经验。

为了增强高校文化的“软实力”，为了高校校园有“文化地标”，为了高校师生多一个“精神栖息地”，为了更多人“被书香沁润”，建工社还将带着信念、担当和责任继续前行！

写作感言

第一次接到出版企业社会责任案例故事稿撰写任务是在2021年底，在此之前，我对社会责任的认识非常匮乏。通过听社会责任专家的讲座，在课题组和老师、同学们一起学习相关文件、分享阅读文献感受、研讨撰写策划方案、和老师沟通修改内容等，渐渐地，我开始对出版社肩负的社会责任有了初步的认识。

我撰写的是一直面向建设领域、为建设行业服务的建筑类专业出版社——中国建筑工业出版社案例。当老师将这样一个领军型大社践行社会责任的案例故事稿初稿任务交由我来写时，我还是很有压力的。我撰写的初稿逻辑不清，老师不断从思路上启发我、从写法上引导我、从线索上帮助我，耐心地和我一起寻找建工社践行社会责任的亮点。

在不断学习、梳理的过程中，我发现建工社在践行企业社会责任方面可圈可点的地方有很多。国家倡导坚持履行社会责任和促进企业发展相结合，引导企业将社会效益放在首位，实现社会效益与经济效益相统一，而建工社作为国有文化企业在这些方面一直带头垂范，尤其是他们响应国家号召、满足高校需求，为建筑类高校建校园书店的事迹就很感染我。

建工社为了帮助建筑类高校学生能便捷地阅读到行业前沿图书花了很多心思、下了很大气力，给高校书店提供的每一本书都是精心挑选的。建工社根据各建筑类高校自身的特色建设书店，还创新性地探索出三方共建的模式，以强强联合、跨区域合作的方式为高校学子服务，成为产、学、研领域校企合作共赢的典范。建工社把书店建在建筑类高校，把最新、最前沿的图书产品以最直接的方式快速提供给高校师生，这些书店不仅是高校师生获取最新专业图书和服务的地方，也是建工社推动全民阅读、让校园溢满“书香”取得的丰硕成果。我在写作过程中常常被建工社努力践行社会责任的这些做法感动着、激励着。

在没撰写这篇案例故事稿之前，我从未想过，在我们不曾留意的细微之处，还有一些出版社用这样一种方式发挥出版的力量、履行社会责任。建工社未来还将继续探索践行社会责任的新模式，而我们也将继续挖掘更多优秀出版企业履行社会责任的案例故事。

老师有条不紊、由浅入深地带领我们整个团队跋涉在研究出版企业社会责任的道路上。如今，部分出版企业社会责任案例故事稿的写作环节将“竣工”，我作为初稿的写作者也是感慨万千。

这次撰写建工社社会责任案例故事稿，我不仅收获了有关出版企业履行社会责任的专业知识，还深刻认识到我写作能力的诸多不足。在写作过程中，我最感谢韩生华老师对我整篇行文的指导，在此之前从未有一位老师这么认真地、逐字逐句地推敲和修改我的习作，从老师身上我看到一位学者的严谨和务实，这些都让我终身受益。

最后，作为出版专业的在读硕士研究生，我想对建工社的领导和老师们说一声感谢！感谢你们愿意提供这样一个宝贵的机会，让我们这些尚未踏上编辑出版工作岗位的在校学生有了一个具体学习研究的样本；你们热心为我们提供各种帮助、耐心解答我们提出的幼稚问题、细心审阅我们撰写的案例初稿，更让我们这些在校学生深刻理解了出版企业的社会责任。

在这里，我还想代表课题组所有同学表达一个共同心愿：感谢疫情之下仍愿意为新闻与传播专业和出版专业学子提供这种“独特”实践机会的所有出版企业！愿书香四溢！

初稿作者：蒋凯瑞

用“听”打开阅读世界*

——山东教育出版社社会责任实践观察

山东省作为孔孟之乡、鲁文化的发祥地，自古以来就重视教育。山东教育出版社（以下简称“鲁教社”）作为一家地方教育社，自1982年成立以来在教育出版领域沉淀了包括国标教材、地方教材、高职高专教材、老年大学教材等在内的内容品牌，在传统文化、教育学、学科史、儿童文学等其他出版领域也颇有建树。40年来，秉承着“出书育人、服务教育、传播科学、繁荣文化”的出版理念，鲁教社不断发展壮大，已连续5届共10种图书荣获我国新闻出版领域最高奖——中国出版政府奖，连续7届共10种出版物荣获中华优秀出版物奖。

进入21世纪后，互联网技术日新月异，“碎片化阅读”成为很多人的主要阅读方式之一，加之我国教育改革不断深化，教育出版进入了信息

* 本文初稿作者为北京印刷学院出版学院2021级硕士研究生刘畅，经指导教师韩生华审定。

化、数字化、智能化的时代。这种快速发展的趋势给传统教育出版企业带来巨大冲击，而鲁教社认识到，要想实现可持续发展，一定要顺势而为、主动出击、敢为人先。从2012年开始，鲁教社“摸着石头过河”，积极探索出版融合创新发展之路。十年过去了，他们发挥自身在出版和教育领域的双重优势，不断寻找定位，持续拓宽服务教育的责任边界，稳扎稳打，不但履行了一家出版企业应尽的社会责任，还为全国教育出版企业转型发展提供了可参照的样本。

鲁教社为满足中小学生日常阅读和学习需求而打造的有声读物出版阅读平台——“小荷听书”，不仅是鲁教社融合出版的主要项目之一，也是鲁教社转型升级的重要成果。如今的“小荷”已露尖尖角，荣获国家新闻出版署2020年度数字出版精品遴选推荐计划、2020年度全国新闻出版深度融合发展创新案例、第五届“大众喜爱的阅读新媒体号”等重要奖项近20项。本文以融合出版为背景，讲述鲁教社“小荷听书”有声读物出版阅读平台创新阅读传播形式、引领全民阅读，服务教育、服务社会，自觉践行社会责任的故事。

小荷初绽，中小学生有了专属有声读物平台

“小荷听书”的IP形象是一片荷叶“戴”着耳机，好像读者正在听书。

据考证，早在魏晋时期济南市的大明湖就已开始种植荷花。荷花有出淤泥而不染的品质，有对成长的期许和向往，又有“小荷才露尖尖角”著名诗句的加持，鲁教社捷足先登，将他们为中小学生打造的有声读物出版阅读平台取名为“小荷听书”。

鲁教社开始建“小荷听书”平台时，国内已经有很多互联网企业率先

进入有声书市场，“懒人听书”“喜马拉雅 FM”“蜻蜓 FM”等原生音频内容平台办得风生水起，但它们的定位是综合性移动音频平台，特点是“大而全”，“用户画像”并不精准。

鲁教社发现，有声书在教育领域、亲子陪伴场景中潜力巨大，中小学生有声书市场前景开阔。与互联网企业相比，鲁教社虽然在数字化建设方面经验不足，但一直深耕教育图书市场，有着丰富的教育资源和读者资源，他们最了解中小学生的实际需求。符合产业发展方向的事情，鲁教社认准后就不遗余力，并立志要将“小荷听书”打造成“小而美”“小而专”“小而精”的专属中小学生群体的有声读物出版阅读平台。

“小荷听书”平台的建设过程也正如荷花一样，经历了从“蓓蕾初绽”到“盛开怒放”的过程。互联网时代数字产品更迭速度快，为避免平台因急于求成而“打水漂”，“小荷听书”的建设节奏选择了“步步为营”，而非“一步登天”。2016 年，建设团队将开通微信订阅号作为平台建造的第一步，这样既实现了微信一键登录，解决了注册和登录麻烦等问题，又方便平台借助微信生态进行宣传推广。2018 年，“小荷听书”羽翼渐丰，同年 6 月作为微信公众号正式开通运营，上线图书达 570 种，有声时长超 7 万分钟。2019 年 6 月，“小荷听书”微信公众号粉丝量突破 50 万人，同年下半年又启动开发了“小荷听书”App 及 PC 端网站。如今的“小荷听书”可谓“麻雀虽小，五脏俱全”。平台已上线专辑 1500 多个，音视频资源共计 20 万分钟，大部分有声读物的单集时长在 20 分钟以内，方便中小学生利用碎片化时间补充课内外知识，大大丰富了学生们的阅读内容。

鲁教社是国内率先推出教育类有声读物出版阅读平台的出版社，目前“小荷听书”已有 110 多万粉丝量，成为深受中小学生欢迎的专属有声阅读伙伴。不论是在上学或放学路上，还是在早起或睡前，孩子们都能打开

“小荷听书”找到自己喜欢的内容。“小荷听书”不但扩大了孩子们的知识面，还缓解了用眼过度的问题，寓教于乐的方式也得到学生家长们的支持和欢迎。

小荷盛开，用精品打造一流有声读物平台

市场中畅销书比比皆是，平台上线畅销书必定会为鲁教社带来更多流量和更好的经济效益，但鲁教社更愿意以做教育出版 40 年的格局和经验，为中小学生守护属于他们的一方阅读天地。

在给“小荷听书”确定内容定位时，鲁教社最终选择了“专”而不是“博”。“小荷听书”平台上有“文学佳作”“传统文化”“学生必读”等 24 个精品栏目，依托鲁教社出版的优质内容，开发了如著名作家张炜的《爱的川流不息》、茅盾文学奖得主梁晓声的《梁晓声人世间童书》等 100 多种有声伴读的融合图书。“小荷听书”还与诸多著名儿童作家签订了图书电子版权的授权，并上线了第三方公司打造的优质小说剧和大量优质课程，如《国学天天学》《书匀讲诗词》等课程，方便中小学生更加轻松地理解国学诗词。平台上还有“中高考心理辅导”等供学生和家长共同学习的家庭教育课程，帮助学生和家长拓宽认知，促进彼此的理解与沟通。类似的优质内容在平台上“信手拈来”。鲁教社希望以“听书”的方式让更多中小学生受益，让他们学习更多的知识，领略阅读的美。

《不一样的数学故事》是鲁教社紧贴教材内容专门为小学生编写的文理相融的原创科普图书，按照小学 1~6 年级共分为 6 册，语言幽默易懂，故事性和趣味性强，这套书销量超百万册，最大特点就是在提高学

生阅读水平的同时，还能帮助他们理解数学原理。鲁教社把纸质版《不一样的数学故事》用动画片的方式变“活”了，书中会魔法的怪怪老师与女王、皮豆、蜜蜜等角色都变成了“会说话”的动漫人物。这部动画片后来在“小荷听书”上线 6 个专辑，每个专辑共 10 集，每集片长不超过 10 分钟，学生们跟随动画片里的人物一起轻松愉快地学习知识。这一创新之举刷新了人们对“书”的认识，很多人在感叹：书还可以这么“读”！还有用户在“小荷听书”评价栏目留言说自己的孩子总是记不住数学公式，看了这个动画片后竟然完全掌握了知识，他们对这种寓教于乐的方式给予好评。鲁教社还把《不一样的语文故事》《不一样的科学故事》的纸质书也制成动画片放在“小荷听书”平台上，而且这些动画产品每个专辑售价仅为 5 元，是纸质书价格的 1/3，物美价廉受到学生和家长们的欢迎。

由鲁教社出版的《有鸽子的夏天》获得了“第十一届全国优秀儿童文学奖”等诸多大奖。书中有很多“儿童式”的表达，是用孩子们的语言讲孩子们的故事。如今这本书已被鲁教社制作成 24 章、总时长近 4 个小时的有声读物放在了“小荷听书”平台上。演播者把海子、二米、二老扁等一群个性鲜明的儿童形象塑造得活灵活现。“爱鸽子—失鸽子—救鸽子”的故事跌宕起伏，孩子们百听不厌。为了把这部优秀作品打造成同样优秀的有声读物，鲁教社在演播风格和声音的把控上下了很大功夫。为了突出不同人物特点，最大限度演绎作者本意，鲁教社邀请曾经主持上海世博会开幕式的李颢杨和担任过各类文学作品演播监制的李圆担任演播。两位演播者的声音清新自然，他们用饱满的情感展现了主人公不同的性格特点，把书中那些看似平淡实际，实则“有深意在焉”的对话演绎得恰到好处，让书中人物变得鲜活、立体，读者很容易听着声音在脑海里形成画面。专辑界面中还有汤锐、陈雪等知名作家撰写的书评，读者不仅可以根据作家的点评解读作品，还能受到启发并加深自己的理解。《有鸽子的夏天》在“小荷听书”平台上已有三万多的点播量，足以证明鲁教社对这部有声读物的打造是成功的。

中国古典文学如四大名著等经典作品也被鲁教社制作成经典的有声读物放在“小荷听书”平台上。《三国演义》原著共一百二十回，鲁教社将精简为四十五回的《三国演义》上线“小荷听书”平台，每回时长都在30分钟内，均由国家一级演员齐克健老师演播。“天下大势，分久必合，合久必分”，当齐克健老师浑厚有力的声音开始播放时，便知道这是一场舍我其谁的群雄逐鹿之争。仔细听，听众会听到用交响乐器或中国古典乐器等合成的背景音乐，随着故事情节和齐克健老师的语速时缓时急。讲到“刘玄德三顾茅庐”时，旋律舒缓悠扬，让人感叹英雄“先天下之忧而忧”的抱负；讲到“赵子龙单骑救主”时，旋律跌宕起伏，听众也会情不自禁地跟着紧张。“小荷听书”上的《三国演义》尊重原著，没有晦涩难懂的文字，没有腥风血雨的情节，非常适合中小学生阅读和学习。

“小荷听书”平台上的有声读物全部配有同步滚动字幕，用户可以在听与读的完美结合中感受文字与声音的美。“循环播放”功能的设置，让用户可以反复阅读、反复听，加深对内容的理解。“定时播放”功能非常适合孩子们根据自己的时间按时收听。很多孩子已经养成晚上听“小荷听书”故事入睡的习惯。“小荷听书”上每个专辑的播放界面有“跟读”模式，用户可以对照内容录制音频再上传至平台。用户在“跟读作品列表”中还能听到自己和其他用户的跟读内容，这样的设置大大增加了用户听书时的参与感。“小荷听书”每一个贴心的细节里都浓缩着鲁教社对中小学生的关怀、责任和担当。

一部有声读物的制作涉及版权、前期录制、后期音频剪辑制作等诸多流程，加之“小荷听书”平台上的内容大多由名家或专业主播录制，成本要比请业余主播高 8~10 倍，且时间更难协调。但这些问题并没有阻碍鲁教社追求精品的决心，“小荷听书”平台上大部分有声读物的单价在 20 元以内，是纸质图书价格的 3~5 折，每个专辑还有三章的免费试听，其他章节可单独购买，有的价格甚至不到 0.5 元。除此之外，平台上还提供了很多免费的名家讲坛。新冠疫情期间，鲁教社还通过“小荷听书”开设“电子教材”栏目，提供了 70 多种中小学电子教材和丰富的音视频资源供师生免费使用。他们还在“爱是桥梁”专栏里发布视频《中医大讲堂》、音频《实用中西医结合防治新冠肺炎 200 问》和诸多免费的“抗疫”文艺作品，充分发挥了数字平台的优势，也为疫情防控做出了出版人的贡献。

如今有声阅读平台很多，但内容参差不齐，优质资源依然稀缺，有的平台以市场为导向，插播各种粗制滥造的广告，而鲁教社的“小荷听书”就如同绽放的荷花，清新而纯洁，它优质的内容、独特的定位、专业的制作、实惠的定价使之成为有声读物平台中的佼佼者。“小荷听书”成长的过程中蕴含了鲁教社为培养中小学生阅读习惯所做的努力，“小荷听书”的“茁壮成长”也为鲁教社可持续发展注入了勃勃生机。

小荷飘香，让更多中小学生爱上阅读

在从前，鲁教社只通过出版精品图书为读者提供精神食粮；现如今，在融合发展的背景下，鲁教社向社会提供全方位出版服务，不断赋予“图书出版”新的内涵。鲁教社对“小荷听书”的打造，使精品图书得以实现更广泛的传播，以多样化的方式延伸了鲁教社出书育人、服务教育的责任与价值，不仅扩大了品牌影响力，还让更多的人爱上了阅读、感受到了阅读之美。

目前，鲁教社已联合全国优秀中小学校共同建设了350多个“阅读与写作基地”，开展阅读公益活动近500场次。这种活动将出版与教育深度融合，不仅把鲁教社打造的原创、创新、引领性图书带给更多读者，还提供了读者与作家面对面交流的机会。多次参与基地活动的作家米吉卡曾接到过一名男孩妈妈的电话，说她的孩子有一个梦想，立志要成为跟小米姐姐一样的作家。原来，这个孩子听了米吉卡的讲座，又与小米姐姐现场交流后，从此喜欢上了读书。孩子的转变，自然令妈妈喜出望外。

从2018年开始，“小荷听书”举办了70多场不同主题的“我爱朗读”活动，用朗读和比赛的形式让学生参与其中。鲁教社为每位勇敢发声的学生准备了荣誉证书和“小荷听书”平台的会员卡奖励，还为每一位参赛选手制作个人音频，在“小荷听书”微信平台的活动专区进行展播，这为想展现自己才艺、圆主播梦的学生提供了实现梦想的舞台。活动现场还会抽取“小荷听书”免费试听名额，更多的家长和学生由此开始接触“听书”的阅读方式，读到并听到了更多鲁教社出版的精品读物。这种做法不仅提高了学生阅读的积极性，也将阅读的快乐分享给更多的人。

每到寒暑假期或社内有新书出版，鲁教社也会举办作者见面会或公益讲座，邀请作家或主播将社内的精品图书带到活动现场与学生分享。在一次活动中，“小荷听书”主播予非姐姐带着鲁教社出版的获奖图画书《白雪公主织怪物》和《沙漠中的恐龙》与学生见面。在现场，予非姐姐用甜美的声音绘声绘色地讲述书中故事，带学生畅游光怪陆离的世界，满足了学生们的好奇心。这两本图画书还被制作成动画并配上讲解放在了“小荷听书”上，学生可以一边看纸书，一边听讲解，在听与读的结合下感受紧张和惊喜的情节，体验阅读的快乐。有时现场还会举行作家签售或赠书活动，读者扫描纸书所附的二维码就可以在“小荷听书”平台享受“听书”体验。鲁教社通过多样的活动将有声读物与纸质图书形成联动，引导学生读书、听书，丰富了学生的学习生活，让学生亲近书籍、爱上阅读。

阅读习惯并非朝夕之间可以养成，为此鲁教社还特别在“小荷听书”平台中以积攒“莲子”积分兑换音频的方式，培养学生自觉养成每天阅读、听书的习惯。曾经有位小读者说自己不愿与人交流，正是因为有了“小荷听书”朝朝暮暮的陪伴，才慢慢打开心房，后来特地让妈妈带自己去参加活动，希望能勇敢地向其他小朋友敞开心扉。此外，“小荷听书”还与“学习强国”强强联合，推出“学习强国”积分兑换“小荷听书”会员卡活动。目前鲁教社已与“学习强国”山东平台、“招商银行”App、“海报新闻”App 等平台跨界合作，推出多种多样的融合产品，跨界合作已经让“小荷听书”的品牌知名度、美誉度不断提升。

鲁教社在教育出版领域已经深耕了 40 年，不论时代和环境如何变化，“出书育人、服务教育、传播科学、繁荣文化”的初心一直没变。作为一家文化企业，他们在做好图书出版主业的同时，大胆创新、勇于探索，把满足社会需求作为自身应尽的社会责任。如今，“小荷听书”这颗种子已经生根、发芽、结果，不但是一款深受中小学生喜爱的高品质移动听书产品，也是出版行业融合发展创新探索的典范。在鲁教人的精心呵护下，“小荷听书”还会用“听”的方式打开更多人阅读的世界。

写作感言

我第一次接触“社会责任”这个概念，是在2021年底。当时仅仅像学习新知识一样，了解一些简单的理论，并不了解其中深意。

2022年，我加入出版企业社会责任案例故事稿的撰写队伍中，当时的心情既激动又紧张。激动的是，能够以编写者的身份参与到项目中，是一次难得且可贵的学习机会；紧张的是，自己对“社会责任”的了解并不深刻，生怕不能很好地诠释我所负责的山东教育出版社（鲁教社）的履责经验。在几个月的时间里，跟随课题组老师数次听会、研讨以及对相关文献反复研读，我逐渐对出版企业社会责任有了初步理解。

在撰写这次案例故事稿之前，我只知道鲁教社在国内教育出版领域颇有建树，鲁教版教材声名远播，但对这家地方教育大社履行社会责任的具体内容、方式、特点等并不了解，所以写作时总也找不到理想的切入角度。课题组老师指导我们要学会应用互联网，通过各种渠道学习和了解自己所负责出版社的基本情况，同时要大量研读文献，结合社会责任理论找出版社履责的共性和个性问题进行研究。我在搜集鲁教社相关资料的过程中惊喜地发现鲁教社旗下的一个专属于中小学生的有声阅读平台——“小荷听书”App。

现在有声阅读平台数不胜数，可为什么“小荷听书”如此受中小学生群体的欢迎？带着这个问题，我又搜集了很多资料，也坚持收听“小荷听书”App上的节目。渐渐地，我发现自己喜欢上了“小荷听书”，能从中感受到每一个贴心的细节里都浓缩着鲁教社对中小学生的关怀、责任和担当。

如今，教育出版已进入信息化、数字化、智能化时代，鲁教社作为一家教育大社，顺势而为、敢为人先，积极探索出版融合创新发展之路，开发的“小荷听书”广受欢迎。“小荷听书”的定位并不求“大而全”，而求“小而精”，鲁教社愿意以做教育出版40年的格局和经验，为中小学生守护属于他们的一方阅读天地。他们的这种精神深深地感染着我，激励我用心去阐释“小荷听书”中蕴含的责任与担当。

鲁教社的案例故事稿撰写结束后，我对社会责任的理解不再是一个简单的概念。我通过鲁教社了解到出版企业社会责任的真正内涵，鲁教社对出版事业的初心、对读者负责的诚心、对教育负责的恒心温暖了我，也温暖了许许多多的读者。

如今，“小荷听书”依然是我经常关注的听书平台，丰富且优质的内容一直吸引着我。相信全国有很多像我这样的忠实听众，都在“小荷听书”的浸润下，如小荷一样，带着对未来的期许与向往茁壮成长。

通过这次撰写案例故事稿，我了解到很多关于鲁教社践行“出书育人、服务教育、传播科学、繁荣文化”理念的过程中发生的故事，也更加自豪当初选择了出版专业。现在我要潜心学习出版专业知识，将来硕士研究生毕业后努力成为出版大军中的一员，为我们国家的出版事业贡献一份力量。

初稿作者：刘　畅

出版助力脱贫攻坚*

——南京大学出版社社会责任实践观察

在出版界，南京大学出版社（以下简称“南大社”）有着良好的社会影响力和学术美誉度。自 1984 年建社至今，南大社坚守出版初心、牢记文化使命，形成了在高品位学术专著、高校精品教材、优秀传统文化书籍、国外学术名著译介等方面的出版特色，已累计出版 2 万余种图书，其中千余种获省部级以上奖励，连续多年入选“中国图书海外馆藏学术影响力出版 100 强”，综合影响力位居中国大学出版社第一方阵。

在追求可持续发展的过程中，南大社把社会责任的理念和行动贯穿在生产经营的各个环节中，不断塑造自身的责任形象。本文以南大社助力云南省双柏县脱贫为切入点，以点带面讲述这家大学出版社努力践行社会责任的案例故事。

---

* 本文初稿作者为北京印刷学院新闻传播学院 2021 级硕士研究生刘苏瑜，经指导教师韩生华审定。

一次机缘，南大社踏上公益帮扶道路

南大社坐落在美丽的南京大学校园里，是南京大学主办的综合性大学出版社。“昌明国粹，融化新知”的出版宗旨折射出这家出版社深厚的文化底蕴。双柏县是云南省楚雄彝族自治州下辖的一个县，当地森林覆盖率高、生态环境好，以种植中药材出名，有“云药之乡”的美誉。

从南京市到昆明市，再到双柏县，约有 2800 公里，开车也需要走 30 多个小时。相距如此遥远，南大社和双柏县是如何结缘的？那得从一个机缘说起。

2013 年，教育部组织开展教育扶贫工作，南京大学作为参与滇西边境片区定点扶贫的 16 所部属高校之一，被安排定点帮扶云南省双柏县。当时的双柏县是全国贫困县，虽然有种植中药材的传统，但深山里的老百姓对中药材的认知多限于传统经验或口口相传，没有正规的科普出版物、缺少知识的武装，资源优势没有完全转化为发展优势。

作为南京大学的直属单位，南大社得知这个情况后迅速行动起来，准备整理出版一部有关双柏县中药材的图书。南大社对这本书的要求是读起来易懂、看起来好看，这样有利于老百姓掌握知识，也有利于宣传当地资源优势。但要做到内容精、图文新、用纸好、印刷棒，其出版成本将会大大超出预算。

南大社对“知识改变命运”的认识较深，“授人以鱼，不如授人以渔”，南大社希望一本高质量的中药材科普读物能够帮助双柏人掌握科学知识、增收致富，甚至改变命运。如果真能发挥这样的作用，这不正是出版人的责任吗？不是更能体现出版的价值和力量吗？在强烈的社会责任感的驱使下，南大社决定把成本的顾虑放下，秉承社会效益优先的原则，为双柏县出版高水准的公益出版物，助推双柏县经济发展。

在南大社人力、物力、财力的保障下，2015 年，《双柏县常用中草药图鉴》《云南省双柏县第四次中药资源普查成果资料汇编》两本图书正式出版。《双柏县常用中草药图鉴》一书用精美的图片和相应的解说文字，对双柏县第四次中药资源普查中发现的中药品种进行鉴定、整理，还将双柏县民间常用、疗效显著的民族药等共 250 种中药材收编成册。这本书附图 502 幅，对促进双柏县中药材的应用和研究都有着非常积极的意义。

《云南省双柏县第四次中药资源普查成果资料汇编》在双柏县第四次中药资源普查基础上，对已经普查到的 700 多种中药品种进行了分类整理，同时综述了各种中药材的植物分类、分布、功效、混淆种类澄清等相关内容，对重点中药材种类进行了种植区划，还收录了一些当地民间的单验方等。

南大社出版的这两本书全面、翔实、系统地梳理分析了双柏县中草药资源的“家底”。如果说之前双柏县的中药材资源知识是四处散落的珍珠，而有了专门的出版物，这些宝贵的珍珠就被完整地串联在一起。这些书既是双柏县老百姓了解、学习和传承中药材的科普读物，也是当地政府推出产业发展政策的依据，同时是我国中药材研究领域不可或缺的文献资料。

第一次与双柏县结缘，南大社用自己的优势和出版的力量免费且高质量地为双柏县出版了两本中药材方面的科普书。虽然这些书对双柏县经济发展的贡献无法量化，但当地百姓可以通过读书的方式走进中药材的世界，并在其中认知、探究、成长、发展，这让南大人感到欣慰。在南大社看来，紧紧围绕国家发展战略出一些能满足社会需求的书，也是履行社会责任的一种方式。

一次考察，南大社坚定公益帮扶信念

南京大学与双柏县结成“手拉手”帮扶对子的岁月里，南大社一直与双柏县保持联系并时刻关注，只要双柏县有需要，南大社都会第一时间全力相助。

2018 年，南大社社长金鑫荣一行跟随南京大学团队来到双柏县考察。虽然对双柏县贫困人口较多、经济和文化都比较落后等情况有所了解，但深入双柏县基层时，他们还是非常震惊。有一天他们走进双柏一中，看到信息技术课上学生们使用的电脑非常老旧、笨重，内存很小，噪音很大，反应速度还慢。学校里没有图书馆，学生们除了课本也没几本课外读物。学校不但教学条件非常有限，生活条件也很差。

一直浸润在南京大学校园里的南大社深知教育资源、教学条件对学生成长的重要性。本次考察结束后，南大社决定在消除贫困、改善民生、逐步实现共同富裕的道路上做出应有的贡献。2018 年，南大社在为双柏一中捐赠 10 万元的基础上，又捐赠了涵盖社科、教育和科技等领域价值 27 万元的图书，还给双柏县妥甸镇和平村的困难群众捐赠了 200 套服装。

“南大社的贡献和能力是有限的，但我们有出版的优势，这是其他行业无法比拟的，因此，只要是以出书的方式履行社会责任，我们都是很认真的。这些年跟随南京大学帮扶双柏县脱贫，我们更加理解了国家脱贫攻坚战略的重要意义。实现脱贫攻坚目标需要久久为功，我们履行社会责任的信念也不会动摇，行动也不会停止！”南大社社长金鑫荣如是说。

朴素的信念、不懈的努力，南大社在公益帮扶的路上很务实，希望能依托做出版的初心和使命，为双柏县的脱贫做自己能做、又能做好的实实在在的事情。

一本攻坚志，南大社记载脱贫受赞誉

用出版助力双柏县脱贫，南大社是这么想的，也是这么做的。自南京大学牵头对口帮扶双柏县以来，南大社一直在发挥出版优势上持续努力着。

2001 年，国务院扶贫开发领导小组确定云南省 73 个国家扶贫重点县时，依照贫困程度，双柏县是楚雄州乃至云南省脱贫攻坚的主战场之一。令人欣喜的是，双柏县的面貌在一天天发生改变。2016 年，有人提议，双柏县的变化离不开党的脱贫攻坚战略，离不开全国各地、各级政府和各单位的帮扶，也离不开千千万万援助者的付出，应该把脱贫过程中积累的经验、成果和收获集结编辑出版成一部书，用文字永久地记录下这段历史，书名就叫《双柏县脱贫攻坚志》。

这一想法得到南大社的积极响应，毫不犹豫地担起了整理编辑、公益出版的责任。早在 2018 年金鑫荣社长从双柏县调研回来后，南大人就一直在思考能为双柏脱贫做些什么，奈何路途遥远也没有合适的机会。这次的机缘让南大社能够以本业加入扶贫事业，以旁观者的视角记录下双柏人的脱贫故事，记录双柏人的脱贫智慧与实践，为全球减贫事业提供中国经验，使其他贫困地区受益。有了这一想法，整个编辑部都活跃起来了，南大社调集精锐力量，指派专人负责这本书的编辑出版工作。当时这项工作启动得早，还没有相关经验可借鉴，南大社和《双柏县脱贫攻坚志》编纂委员会的人员一道开始了探索。南大社把 1987 年以来双柏县扶贫开发工作基本情况和2014年以来开展的精准扶贫工作进行梳理，整理出提纲后交由双柏县审定。再根据审定修改过的提纲向帮扶双柏县的中央定点单位、帮扶单位、各级“挂包帮、转走访”及全县各行业扶贫部门、各乡镇及相关单位发出提供文字和图片资料的函件，收集具体的资料。

编辑这本书投入的工作量非常大，仅反映全县脱贫攻坚工作开展情况的图片就收集到6000幅左右。浩如烟海的一手资料、繁杂琐碎的编辑内容并没有吓退南大人，他们迎难而上，调动编辑力量精心筛选素材，并对文字进行精打细磨，力求翔实、生动、准确。直至2021年6月，《双柏县脱贫攻坚志》完成所有编辑工作，第一次正式印刷出版。

2021年11月19日，双柏县举行隆重而简朴的《双柏县脱贫攻坚志》新书发布会。发布会上，江苏省、云南省的各级领导纷纷肯定了该书出版的价值。全国人大常委会委员、中国科学院院士、南京大学校长吕建动情地说：“《双柏县脱贫攻坚志》出版发行了，这是双柏县脱贫攻坚工作中结出的一个独特成果，是反映双柏县脱贫攻坚工作进程的历史记录。”

这的确是一个“独特成果”。2021年2月25日，在全国脱贫攻坚总结表彰大会上，习近平总书记庄严宣告：“经过全党全国各族人民共同努力，在迎来中国共产党成立一百周年的重要时刻，我国脱贫攻坚战取得了全面胜利。”为了这个来之不易的全面胜利，南大人在双柏县相关部门的配合下，历时两年奉献了一份“独特成果”，这也是南大人向党的百年华诞献上的一份厚礼。

编纂委员会在这本书的序言中写道：“《双柏县脱贫攻坚志》的编纂出版，进一步总结双柏县脱贫攻坚的经验和做法，真实地记录双柏县各族人民在与全省、全国各族人民一起共同实现中华民族伟大复兴中国梦的背景下谱写‘摆脱绝对贫困’梦想的‘双柏篇章’；从一个边疆民族地区的国家级贫困县实现脱贫摘帽过程的侧面，向全社会讲述双柏乃至云南的‘脱贫故事’。”

新书发布会上，人们迫不及待地翻看《双柏县脱贫攻坚志》。全书分为县情概况，组织管理，扶贫开发，扶贫攻坚，乡镇扶贫，定点扶贫，东西部扶贫协作，挂包帮、转走访，各界帮扶，脱贫摘帽，人物和先进集体共 11 章，真实记录了双柏县在脱贫攻坚过程中付出的努力和取得的成果。第 11 章还把为双柏县脱贫做出贡献的挂职干部、教学支援人员、医疗支援人员、先进个人的事迹以及每个人的姓名、性别、原工作单位、双柏服务地点、服务时间全都详细列出来，甚至包括“双柏县 2014 年至 2020 年 8 月因公去世人员名录”也罗缕纪存，看后让人心潮澎湃、肃然起敬。这本书的附录包括重要文件、工作研究、工作报道和艺文。

71.6 万字、210 张图片组成的《双柏县脱贫攻坚志》一书，封面设计简单而庄重，捧在手上有种沉甸甸的感觉。

低调务实、甘作嫁衣，这既是出版的特点，又是南大人的风格。

2022 年 1 月，一篇题为《我们的天才儿子》的文章爆红网络。这篇文章讲述了幼年时眼睛残疾、中学后患“双向情感障碍”的“天才译者”金晓宇，自学多种语言并翻译出版了多本译作的故事，一时间被各大媒体争相报道，得到了众多网友的同情和支持。有评论说金晓宇翻译过的书籍中有一本是南大社出版，于是有人建议南大社抓住这波热度赶快出版或加印一些金晓宇的译作。也有媒体想借此“挖掘”南大社和金晓宇之间的“故事”。这些看似能“发财”、能“出名”的事都被南大社拒绝了。南大社既没蹭金晓宇的热度去加印他的书，也没借舆情去爆金晓宇的料，在南大社的眼里，金晓宇是南大社的一名普通作者，理应受到尊重而不该被打扰。

南大社在践行社会责任的道路上认真审视社会变化和需求，在出什么书、怎么出书的选择面前，始终坚持社会效益第一的原则。当南大社关注到我国抑郁症患者尤其是青少年抑郁症检出率持续攀升的现状后，及时研发推出了中小学版《心理健康》教材。这本教材累计发行了450万册，覆盖江苏省各个地市，南大社希望学生们从小就能了解和掌握相关知识，尽可能驱散学生们心灵的阴霾、消除不良情绪的隐患。

南大社社长金鑫荣在接受访谈时表达了这样一个观点：出版业的产值和利润是有限的，世界500强中没有一家是出版企业就能证明这一点，但出版业是生产精神产品的特殊行业，是“小生意、大事业”，出版业有其他行业无法替代且不容忽视的力量。

一代出版人有一代出版人的使命，讲好中国扶贫故事，是当代出版人必须承担的历史重任。那些来自中国脱贫攻坚一线的真实故事，或波澜壮阔，或感人至深，或发人深省，需要出版人敏锐捕捉并以读者喜闻乐见的方式来呈现。对于出版社和编辑来说，讲好中国扶贫故事正是其以本业参与脱贫攻坚战的独特方式。南大社在帮扶双柏县脱贫的道路上，抓住那些细微之处的感动，挖掘出那些最感动人心的细节，记录下感人至深的扶贫故事，历时两年最终完成《双柏县脱贫攻坚志》。尽管当前双柏等贫困县已全部摘帽，但讲好扶贫故事仍然在路上，而且会继续融入更多更新的时代内涵，这都是未来出版业需要继续研究的时代课题。

在帮助双柏县脱贫这条漫漫长路上，南大人留下了浓墨重彩的一笔，他们是记录者、是帮扶者，更是隐于幕后的奉献者。南大社坚守着做好出版的初心和默默奉献的朴素情怀，在履行社会责任的路上执着前行。

写作感言

南京大学出版社案例故事稿是我在课题组接到的第一个写作任务。几个月的写作下来，如今只要看到南大社出版的书，我都会油然而生一股亲切感。在这之前，我的认知里高校出版社就是围绕学校需求出版一些相关书籍，出版企业履行社会责任的方式无外乎和大多数企业一样捐捐款。但完成这个写作任务之后，我才发现自己认识的浅薄。

受疫情影响，我们这些高校学子没能在课题组老师的带领下走进仰慕已久的南京大学看看，也没机会深入南大社做实地调研，但我还是很荣幸地在线上采访了南大社社长金鑫荣。

线上采访金鑫荣社长，我是又激动又忐忑。激动的是如此知名的高校出版社社长能接受我们这些在校学生的访谈；忐忑的是作为主要撰稿者，我担心提出的一些问题过于肤浅而耽误了社长的时间。但金鑫荣社长和蔼可亲，无论我们问什么，他都耐心解答，循循善诱的态度很像我们校园里的老师。

让我印象最深刻的是，金鑫荣社长聊到他去云南省双柏县考察时，看到贫困地区学校基础设施落后，无法和沐浴在同一片蓝天下的城市的孩子们一样享受同等教育资源时的那份惋惜，以及说到在全国脱贫攻坚战中，作为出版社能发挥出版的力量做出应有贡献时的那份自豪。

采访结束之后，我开始大量搜集南大社对口帮扶双柏县的资料，让我对金鑫荣社长所说的“小生意、大事业”有了更深的理解。出版业是生产精神产品的特殊行业，出版社做的事情、出版人身上肩负的社会责任，正是其他行业所不能取代的。

南大社对口帮扶双柏县多年，他们为当地百姓策划出版的《双柏县常用中草药图鉴》《云南省双柏县第四次中药资源普查成果资料汇编》等图书，让当地百姓通过读书的方式走进中药材的世界。《双柏县脱贫攻坚志》是南大人以出版者身份记录和传播双柏县的脱贫故事，用出版助力脱贫攻坚的见证。如果没有这次写作，我可能没有机会去了解南大社履行社会责任的方式，也不会关注到这样有社会责任感的出版人。在这个以“快”为先的大环境下，南大社还在用他们的“慢”节奏做好书、做好事。在对金鑫荣社长的采访中，他一再强调南大社做得很不够，只是尽了微薄之力。我能很清晰地感受到金鑫荣社长低调、温润的学者气质，也能感受到南大人身上蕴含的一种能称之为文人风骨的精神：低调朴实，默默奉献，甘作嫁衣。

通过这次写作，我还有另一个深刻体会，那就是我们这次出版企业社会责任案例故事稿写作的必要性。课题组刚开始搜集学习文献资料时发现，国内很多行业都有关于社会责任的案例故事，唯独找不到关于出版行业的。出版是记录、是传承、是传播，很多出版企业做了大量体现社会责任感的事情却忘记了自己。我认为“蜡烛精神”固然可贵，但认真做事的企业不该被埋没，应该被更多人看到。就拿这次社会责任案例故事稿的写作来说，如果不参与这次课题，作为新闻与传播专业的硕士研究生，我都不知道出版企业履行社会责任的内涵、方式和价值，也不理解研究出版企业社会责任的意义。出版企业肩负着特殊的社会责任，还在校园里的我们已经认识到这一点，这将使我终身受益。

最后感谢此次案例故事稿写作过程中所有帮助过我的老师、同学，受益颇多、不胜感激。我还要感谢南京大学出版社领导和编辑给了我这样一个宝贵的机会去锻炼、去成长，这将是我人生中一段重要的经历。

愿我们所有人都能大踏步走在履行社会责任的路上！

初稿作者：刘苏瑜

出版人的长江故事*

——长江出版社社会责任实践观察

长江是我国第一大河，从古至今承载着中华民族特殊的文化记忆与情感。无论是古人“大江来从万山中，山势尽与江流东”的诗句，还是今人“你用甘甜的乳汁，哺育各族儿女；你用健美的臂膀，挽起高山大海”的歌词，人们一直以各种方式赞美长江、歌唱长江。长江出版社（以下简称“长江社”）作为一家科技类出版企业，也在用出版的方式记录长江、守护长江、传承长江。

长江社是我国唯一一家以“长江”命名的单体出版企业，围绕长江开发图书产品是这家出版社在出版界的特色。《中华人民共和国长江保护法》的施行，习近平总书记在各种相关会议上反复强调开发保护长江的重要性，都让长江社感受到了自身肩负使命的光荣与神圣。秉持“凝聚长江

* 本文初稿作者为北京印刷学院出版学院 2021 级硕士研究生刘畅，经指导教师韩生华审定。

智慧、传承长江文明”的初心，长江社自2004年成立至今，一直心无旁骛地围绕长江做出版，在出版领域创造了一项项佳绩。他们策划出版的《解读长江经济带》《长江文化史》《长江巨变70年丛书》入选中宣部主题出版项目和国家基金项目;《长江巨型水库群防洪兴利综合调度研究》荣获中华优秀出版物奖;《长江演变与水资源利用》获得第四届“三个一百”原创出版工程奖;《长江三峡水利枢纽建筑物设计及施工技术》入选国家出版基金项目;《历代水利碑刻》入选国家古籍整理资助项目。

长江，是长江社的标签，也是长江社参与市场竞争的品牌，更是长江社获得可持续发展的源泉。依托水利部长江水利委员会深厚的专业优势和科技实力，长江社矢志不渝地记录着长江科技成果、讴歌着长江人、弘扬着长江文化。本文从长江社策划出版的学术著作、长江人物集、弘扬长江文化三个维度为切入点，讲述这家出版企业履行社会责任的案例故事。

慧泽长江——长江社倾力记录“长江智慧”

人类的文明进步离不开文化的积累与传承。作为科技类出版企业，长江社的定位是致力于挖掘记录长江开发保护过程中涌现出来的“长江智慧”。

长江社有这样的认识，得说一段历史背景。

早在1919年，孙中山的《建国方略》中提到建设长江三峡工程一事。20世纪50年代，毛泽东因为三峡工程和长江水利建设问题先后6次咨询当时的长江水利委员会负责人。1982年，邓小平在听取原国家计委关于修建三峡工程以缓解电力紧张局面的汇报时表示：看准了就下决心，不要动摇。1984年，党中央、国务院批准了三峡方案，三峡工程进入施工准备阶段。1994 年 12 月 14 日，经过长达 40 年论证的长江三峡工程正式动工。2006 年 5 月 20 日，全线浇筑达到 185 米高度的三峡大坝建成。

开发长江，是历代中国人的心愿。长江三峡工程的建成，佐证了我国经济快速发展和科技实力不断提升的事实。三峡工程被誉为世界建筑史上的奇迹，是几代中国水利人日复一日、年复一年接续奋斗的结果。三峡工程建设过程中攻克了一系列技术难题，创造了 100 多项世界之最和一个个世界大坝工程史上的新纪录。可在三峡工程建设的初期，许多来自建设一线的“长江智慧”被搁置或忽略了，只有工程技术人员评职称或项目评奖时，才回过头来把之前攻克的技术难题和取得的科技成果简单总结一下作为评审材料“亮个相”，之后又投入下一个工程建设环节。疏于对工程技术人员呕心沥血换来科技成果的梳理和记录，只会让更多的人“知其然而不知其所以然”。人们也许知道三峡工程、堰塞湖抢险等名词，却并不清楚其中涉及工程技术、生态环保、移民工程、文物保护等多个领域，更不了解中国水利人对世界水利工程的贡献。

就在长江三峡工程如火如荼的建设和众多水利人翘首期待中，2004 年 4 月 28 日，武汉市江岸区解放大道 1863 号长江水利委员会办公楼里新注册成立了一家属于长江人自己的出版企业——长江出版（武汉）有限公司。

名字叫长江，使命是服务长江。从此，长江社踏上了专业挖掘、整理、传承、创新长江开发保护领域成果的征程，把学术出版放在核心地位，倾心挖掘长江中的学术价值。在长江社打造的一系列长江学术著作中，最值得一提的莫过于 2015 年开始策划、2022 年 10 月完成的《长江河湖大典》。

用七八年时间出版一套《长江河湖大典》的价值到底在哪里？对此，

长江社有清醒的认识：长江是我国湖泊分布最密集的区域，水系发达，但到底密集到什么程度、发达到什么程度没有具体数据，也没人能说清楚，而类似的关于长江流域河湖的原始资料，对开发和保护长江河湖资源都非常珍贵。

“和水利专家们一道把长江流域的河湖资源搞清楚、记录下来，让国人更了解长江资源，让长江更好地服务国家的经济建设和水生态建设！”长江社认准的事情就着手做了。2015年，长江社着手策划《长江河湖大典》的出版工作。2016年，这套丛书入选湖北省学术著作出版专项资金项目。但长江干流全长近6400公里，流域面积180万平方公里，河汊纵横交错，湖荡星罗棋布，光组织协调编写队伍就是一个浩大的工程。

遇到的困难有很多很多，但长江社一一克服了，出版社编辑和400多位精通水利技术和专门研究长江河湖资源方面的专家、学者组成编纂队伍，完成收集资料、编写条目、整理数据等大量烦琐而细致的工作，于2022年10月正式出版发行《长江河湖大典》。

《长江河湖大典》是新中国成立以来首次系统梳理长江流域河湖资源并正式发行的出版物，分为《长江河流大典》《长江湖泊大典》《长江水库大典》三个部分，近400万字，全面系统反映了长江流域河湖自然概貌以及治理开发保护利用等情况。《长江河流大典》汇集了长江及其4840条支流的基本信息，全书由长江及1040条支流水系的列条释文，相应的附表、附插图和照片组成。《长江湖泊大典》按湖泊水面面积的大小分类编排，再以流域的上、中、下游河段顺序编列，小（1）型以上湖泊还配有地理位置示意图。《长江水库大典》包括已建、在建的大型水库和部分有代表性、有特点的中型水库及个别有特点的小型水库，共有条目681条。

《长江河湖大典》出版后引起强烈反响，社会各界赞誉其是内容详尽、价值非同一般的“长江河湖家底”，是长江流域河湖治理与开发不可或缺的“一手资料”，是内容丰富、资料准确、科学权威、使用方便的工具书。与此同时，人们对长江社积极挖掘、记录、传承长江信息的做法给予高度评价，认为《长江河湖大典》是留给后人的宝贵精神财富，不仅延伸了技术对人类的社会价值，更实现了一家出版企业的社会价值。

其实，自成立以来，长江社策划出版的关于长江的大部头学术著作有很多，诸如《中国三峡工程》、“长江经济带高质量发展研究丛书”、“长江巨变70年”丛书、历年《长江治理与保护报告》、《长江巨型水库群防洪兴利综合调度研究》等。每一部学术著作都是长江社重视学术出版、向世人展现出版力量的呕心力作，是长江社在喧嚣的市场经济环境中甘守寂寞、久久为功、努力践行社会责任的最好见证。

爱满长江——长江社用情讴歌“长江人物”

长江水利委员会云集了我国大批德才兼备、造诣高深的水利人，相对而言，他们是长江社“朋友圈”里联系最密切的作者、合作伙伴和不断请教沟通的专业人士。

长江社编辑经常与这些投身长江建设事业的科学家、工程师打交道。让编辑们感动的是，无论是在热火朝天的建设工地上，还是在挑灯夜战的办公桌前，只要一干起长江的事，这些长江人总是工作热情高涨、精神状态饱满。这些长江人用自己的智慧和汗水筑起了一个个长江水利工程的丰碑，可一个项目结束后他们又默默投入另一个项目，不争名不夺利，一心只想着把事情做好。他们的品性和他们的贡献一样，也是一笔宝贵的财富，值得被记录、被传播啊！

“请最好的作者记录长江人的事迹、传播长江人的精神，这也应该是我们长江出版社义不容辞的责任！”长江社编辑的提议立刻得到普遍认可。最应该、最值得弘扬和记录的就是在国内外坝工界享有盛誉的长江水利委员会原总工程师，国家科学技术进步奖特等奖、一等奖、二等奖获得者，国际大坝委员会终身成就奖获得者，“最美奋斗者”荣誉获得者中国工程院院士郑守仁。

德高望重的郑守仁院士荣冠加身，获得了无数有分量的大奖，可以用“功勋卓著”来形容。但是郑守仁院士为人低调，从不爱宣扬自己，他总是说事情是大家一起干出来的，不是他个人的功劳。长江社每一位接触过郑守仁院士的编辑都为之感动，为此，长江社对组织撰写和出版郑守仁院士的报告文学做了充分准备。2018 年 8 月，撰写采访工作拉开序幕，曾写过《智者乐水》《悲壮三门峡》等作品的知名水文化专家、中国作家协会会员靳怀堾担纲作者。

正如预想的一样，郑守仁院士不愿意为自己的事情接受采访，彼时他正忙着撰写 280 多万字的《长江三峡工程关键技术研究与实践》书稿。郑守仁院士做学问非常严谨，凡事力求做到准确无误，书稿里所有的数据也都要反复核对十几遍，他当时经常熬夜写书稿，还常对自己和编辑说：“要快一点，要快一点！”编辑明白，郑守仁院士是在跟时间赛跑，是在跟病魔赛跑，他要把自己毕生所学留给后人，他的心思全在要抓紧完成的学术著作上，根本舍不得把时间花在接受采访上。

快一年的时间过去了，作者心急如焚，和编辑商量后只好用“善意的谎言”说要找郑守仁院士了解有关三峡工程的技术问题。2019 年 5 月，郑守仁院士答应在三峡工地和大家聊聊。到了郑守仁院士工地上的办公室，大家都呆住了：空间不大的办公室里放满了各种书籍和打印资料，多半是郑守仁院士的工作记录和工作简报。编写团队发现，若要跟郑守仁院士寒暄，他就随便敷衍几句，若话题转到三峡工程上，郑守仁院士就忘记了自己还是个病人，一下子精神振奋、两眼放光、滔滔不绝。

在长江社组织撰写郑守仁院士的报告文学期间，“长江三峡水利枢纽工程”获国家科学技术进步奖特等奖的喜讯传来。回忆起申报奖项需要进行的现场陈述，大家都不禁泪眼婆娑。2019 年 12 月，当时郑守仁院士正在医院接受治疗，走路都需要人搀扶，但他还是坚持赶到北京亲自参加现场陈述。身体极其虚弱的郑守仁院士被人搀扶着站到报告厅讲台上以后，立刻精神抖擞地讲述三峡工程，如数家珍，厅外的人都听得见他洪亮且坚定的声音。那声音穿透了在场每一位与会者的心灵，大家知道郑守仁院士已拼尽全力！报告结束后，郑守仁院士又被立刻送到医院。

弥留之际，郑守仁院士对为他策划撰写报告文学的事并不上心，却一直惦记着长江社出版《长江三峡工程关键技术研究与实践》一书的事。当长江社编辑把最终书稿送到医院时，他没多说什么，只是用手指指着这本书并露出了欣慰的笑容。

2020 年 5 月，《长江之子郑守仁》正式出版并于同年获得第三届十佳荆楚图书奖。2020 年 7 月 24 日，郑守仁院士病逝。噩耗传来，三峡工地上的铮铮铁汉无不潸然泪下，有的失声痛哭，好多与郑守仁院士共同工作过的人纷纷自愿拿起笔，写下与他共同度过的难忘岁月来寄托哀思。《长江之子郑守仁》一下子成为“必读书”，大家都想从书中多了解一些郑守仁院士的点点滴滴，这让长江社的编辑和作者心里也有了一丝丝安慰。为了做好这本书，他们下功夫“恶补”水利专业相关知识，研读郑守仁院士大量的学术著作以及他参与或主持设计建设的水利工程的文献资料。为了做好这本书，他们和永远有忙不完工作的郑守仁院士“抢时间”，争取多听他讲讲，还要和他“斗智斗勇”，想办法多让他说说自己的一些小秘密。为了做好这本书，作者专程到郑守仁院士的故乡走访，找到了连郑守仁院士本人都淡忘了的信息。好在经过各方的共同努力，郑守仁院士生前看到了自己被誉为“长江之子”。社会各界以各种方式赞誉长江社推出的报告文学作品真实感人，让为共和国水利事业做出重大贡献的长江人永远活在了读者的心里。

长江社出版《长江之子郑守仁》之后，又推出了《治水将军文伏波》《勘察卫士崔政权》《林一山回忆录》《大供水——时代楷模东深供水工程建设者群像》等一大批水利杰出人物的纪实报告文学图书。

作为科技类出版社，长江社出版的一些长江书由于专业性、学术性强，是懂行人眼里的“宝贝”，可对更多普通读者来说就有些枯燥、生涩了。但长江社以报告文学的方式策划出版的一系列关于“长江人物”的故事性图书，恰好满足了读者的更多需求。诠释中国水利人的工匠精神，讴歌中国水利人的家国情怀，传播中国水利人对祖国水利事业的挚爱和担当，这也是长江社积极践行出版企业社会责任的一种方式。

文溢长江——长江社精心打造“鸿篇巨制”

近年来，习近平总书记就长江保护与发展多次做出重要指示：“长江是中华民族的生命河。涉及长江的一切经济活动都要以不破坏生态环境为前提。”“一定要给子孙后代留下一条清洁美丽的万里长江！”“坚定不移贯彻共抓大保护、不搞大开发方针，筑牢长江上游生态屏障，守护好这一江清水。”

2020 年 11 月，习近平总书记在全面推动长江经济带发展座谈会上特别强调:“要保护传承弘扬长江文化。长江造就了从巴山蜀水到江南水乡的千年文脉，是中华民族的代表性符号和中华文明的标志性象征，是涵养社会主义核心价值观的重要源泉。要把长江文化保护好、传承好、弘扬好，延续历史文脉，坚定文化自信。要保护好长江文物和文化遗产，深入研究长江文化内涵，推动优秀传统文化创造性转化、创新性发展。要将长江的历史文化、山水文化与城乡发展相融合，突出地方特色，更多采用‘微改造’的‘绣花’功夫，对历史文化街区进行修复。”①

总书记在这次会议上语重心长地阐述了弘扬长江文化的重要性，这给长江社以极大的鼓舞和动力。长江社自成立以来一直把传承和弘扬长江文化作为立社之本，不断探索、努力创新，做到早动手、早谋划，推出了一系列弘扬长江文化的“大部头”丛书，其中《中华长江文化大系》就是一部扛鼎之作。

在我们国家上下五千年的历史文明中，长江流域的祖祖辈辈在这里劳动、生存和奋斗，接受长江的陶冶，创造出了光辉灿烂的长江文化。而让长江社感到无比骄傲和自豪的是，他们所在的湖北省地处长江中游，是长江干流流经最长的省份，长江社离长江如此近、跟长江如此亲、对长江如此熟，他们在时代的感召和历史责任感的激励下，立志用出版的力量弘扬好长江文化。

《中华长江文化大系》的组织编纂工作启动后立刻得到社会各界响应，国内近 200 位知名专家、学者、作家踊跃参与并倾注心力承担编纂任务。学界泰斗季羡林对这一文化盛举给予高度评价，热情担任了《中华长江文化大系》的学术顾问并亲笔题序；著名学者任继愈、李学勤、汤一介、乐

① 《习近平主持召开全面推动长江经济带发展座谈会并发表重要讲话》，中国政府网，2020 年 11 月 15 日，http://www.gov.cn/xinwen/2020-11/15/content_5561711.htm。

黛云、冯天瑜等参与审纲。经过多年的艰苦努力，8 编 64 卷的《中华长江文化大系》上半部隆重问世。时任全国人大常委会委员长吴邦国专门题写了书名。季羡林将这套图书出版的意义概括为：“过去只处于萌芽状态的长江文化，现在的成果已经是异常卓著了；长江文化作为中华优秀文化的组成部分，开始进入了弘扬之列；通过对长江文化的研究，中国古代史的真面目大白于世；长江文化的研究，开始成为当今学坛上的显学了。”

2009 年，长江社启动《中华长江文化大系（二）》的编纂出版工作，这套丛书被列入 2009 年国家出版基金项目。2013 年 4 月，第一批图书出版发行。2014 年 10 月，64 卷全部出版发行。这套丛书用 3000 多万字、近 3 万幅图片，从长江的神秘源头讲到人工运河，从千秋吏法讲到王朝战争，从语言文字讲到民间文化，涵盖了地理、历史、政治等不同领域的知识，内容时间跨度长达五千年。如果把这套丛书的 64 卷著作码成一排，足足有一米多长。读者将这部丛书从头读到尾，不仅可以全面了解长江文化，甚至还可以成为“长江专家”。

“弘扬长江文化！”说起来容易做起来很难。在编纂《中华长江文化大系（二）》的这 5 年当中，长江社编辑和专家学者耗费了大量的精力和心血，由于史料既不像其他名著可以找到许多流行的版本，也难以在其他书本中发现踪迹，甚至有些典籍只有孤本或流传抄本，且散落在各地图书馆或私人手中。即使如此，编辑和专家学者还是想方设法收集资料并理清其中脉络。不论是资料收集、整理、求证，大量图片描绘制作，还是文字编校、统稿，长江社都拿出了扎实的专业知识和耐心细致的工作态度。为了保证丛书质量，每册的目录编排、条目设置，书中每一幅图片的清晰度和大小格式，等等，编纂团队都详细地研究探讨，丛书的审校次数也远远超过大部分图书的三审三校。

从创意策划到组织编纂，再到出版发行，从浩如烟海的资料中，整理出版一部继往开来的巨作需要方方面面的共同努力，长江社作为出版方，不亚于组织指挥了一场全方位的“战役”、策划完成了一个庞大的系统的“文化工程”。这套集学术性、资料性、权威性、可读性于一体的鸿篇巨制，是长江社携手专家学者为长江和祖国母亲献上的一份厚礼，也是长江社集全社之力打造的又一精品力作。

长江社虽然成立至今还不到20年，但从未停止弘扬长江文化的脚步，他们推出的《长江文明之旅》深刻挖掘了长江文化的底蕴和特质、全面系统地展示了长江文明;《长江专门史》全面探索了长江流域的经济、文化、科技等学科的发展状况;《儿行千里——沿着长江上高原》记录了著名记者范春歌从长江入海口沿江而行，到青藏高原的长江源头采访的全过程;《大武汉故事丛书》用“汉味”“汉腔”讲述了武汉城市的故事;《图说长江流域珍稀保护生物》第一次全面系统展示了长江流域生物全貌及生态趋势;还有《长江防洪工程史话丛书》《长江大保护科普丛书》；等等。这些记录长江文化的图书不仅填补了长江研究和出版的空白，也给历史留下了一部部别样的长江文本。

长江从世界屋脊青藏高原的涓涓细流，出千峡、纳万川，汇集成波涛滚滚的大江，横贯中华大地，万千姿态、雄伟壮观。滔滔东去的江水，浇灌着神州华夏；甘甜纯美的乳汁，养育着中华儿女。当越来越多的读者通过阅读一本本长江社出版的文化精品去了解长江故事时，一定不会忘记在中国出版界还有一家拥有强烈社会责任感，用出版的力量守护长江、记录长江、传承长江，并且“生”在长江、“长”在长江、“名”叫长江的出版企业。

写作感言

着手长江社社会责任案例故事稿撰写之前，我刚刚完成山东教育出版社的撰写任务，本以为有了第一次的经验，再次撰写案例故事稿会相对轻松，但当我研究长江社的基本情况时才发现，长江社履责经验与其他出版社迥然不同，完成这篇案例故事稿的写作也同样充满挑战。

撰写案例故事稿初期，寻找合适的切入角度仍然是最先要思考的问题。在不断查找、梳理长江社各种线索的过程中，我发现长江社虽然是一家经营性出版社，但从2004年成立之初就开始了在公益出版领域的积极探索。最初，我想以公益出版为切入点，讲述长江社履行社会责任的故事，可从互联网上查找到的相关资料已有些陈旧，无法很好地诠释长江社近些年的履责经验。在向课题组韩生华老师请教沟通后，我们希望能与长江社赵冕社长进行一次线上访谈，深入了解长江社履行社会责任的亮点。

这次访谈进行了两个多小时，也正是聆听了赵冕社长的一番讲解后，我才顿悟，原来国内还有这样一家出版社如此心无旁骛地为长江、为中国水利事业默默奉献。

赵冕社长还向我们提供了很多珍贵的出版资料。当我深入研究、反复阅读后发现，长江社做得很多却说得很少，这份默默无闻地耕耘让我感触很深，也更加激励我用心去阐释长江社的责任与担当。写作的过程中我遇到了很多困难，但一直暗下决心，希望借此次撰写长江社社会责任案例故事稿的机会了解出版企业、了解出版人，尽自己微薄之力将长江社履行社会责任的故事传递给更多人。

采访赵冕社长的那天晚上时间过得很快，赵冕社长在讲述长江社围绕长江出版的一系列精品图书时，那种出版人的自豪感溢于言表。我知道，我们要写的案例故事稿只是长江社“出版工程”的冰山一角。我从长江社出版的一本本厚重图书背后的故事里，感受到了长江社对守护长江这份责任的坚持，也感受到了长江社对出版事业的热爱和执着。在撰写案例故事稿的过程中，我被长江社一心一意为长江服务的精神、努力践行社会责任的行动深深地感动着、鼓舞着。

梳理长江社这些年的发展脉络时，我发现长江社是因建设长江三峡而诞生的出版企业。长江社成立之前，国内没有专门立足长江做出版的出版社，关于长江科技、人文等方面的图书很少。长江社成立后，始终用作品说话，精耕细作，专心致志地为长江做书，每部作品都饱含着长江社持久不变的初心。正是有了长江社这样一家文化企业，有了越来越多愿意为长江服务的出版人，才让越来越多的读者了解长江，沿着长江读懂中国。我是一名出版专业的在读硕士研究生，我被长江社各位老师“干一行，爱一行，钻一行，精一行”的工匠精神深深感动着。长江社的履责经验，让我看到了出版企业履行社会责任的更多方式，我也通过长江社执着专注的工作态度，更加理解了出版的社会价值。

尽管是第二次撰写案例故事稿，但这个过程并不如想象中轻松，我发现自己在行文逻辑、文字运用等方面仍然存在一些不足。在写作过程中，我要特别感谢一直耐心指导我的韩生华老师，是韩老师对我整篇文章逐字逐句的推敲、修改，让此篇案例故事稿得以顺利完成。

我还要特别感谢长江社对我们研究出版企业社会责任的支持。今天的我是高校出版专业的学生，未来的我有可能是千千万万出版大军中的一员。你们在疫情之下仍愿意为高校学子提供如此珍贵的实践机会，你们热心的帮助、耐心的解惑、倾心的关爱，让我们坚定了学好出版专业的信心。你们用出版的力量为长江服务，我们也要学好本领，以后为国家做贡献。

最后，我祝愿长江社不断创造新的出版高峰，出版的文化精品像长江一样横贯中国大地。

初稿作者：刘　畅

城市社插上“幻想”的翅膀*

——大连出版社社会责任实践观察

大连出版社（以下简称“大连社”）是国家为推动出版业改革，在部分副省级城市和计划单列市中设立的16家城市出版社之一。自1988年成立以来，大连社秉持“内容为王、导向为魂、创新为要、品质为本”的理念，在出版领域创造了一个又一个佳绩。大连社在2016年、2017年连续两年被中国图书馆报评为“最受图书馆欢迎的少儿出版机构”。2017年9月被中国出版协会授予“数字出版创新奖”。2021年被国家版权局授予“全国版权示范单位”，是辽宁省内唯一获此殊荣的出版机构。

作为一家城市社，为读者服务、为地方经济和文化建设服务是大连社义不容辞的责任。2011年，大连社遭遇了出版资源分散、核心竞争力不足等发展瓶颈。为了打造核心产品，实现可持续发展，大连社以“壮士断

* 本文初稿作者为北京印刷学院新闻传播学院2021级硕士研究生李英，经指导教师韩生华审定。

腕”的气魄开始了转型之路的探索。2012 年，大连社与当地一家非常有影响力的旅游企业合作，发起了集图书、动漫、影视、演艺、游戏、主题乐园等多种形式于一体，以宣扬海洋文化为初心的“大白鲸计划”，以期实现全产业链发展。

跨界合作了近 10 年，大连社在“大白鲸计划”的带动下，确定了以原创幻想儿童文学为企业转型方向的发展思路，成功举办了 7 届“大白鲸”原创幻想儿童文学优秀作品征集活动，涌现出《拯救天才》《奇迹之夏》《寻找蓝色风》等优秀图书，获奖无数。大连社还以培养优秀作者为项目核心抓手，发掘了马传思、龙向梅、王君心等多名优秀幻想儿童文学作者。与此同时，大连社先后将 20 多部图书作品与动漫、舞台剧、电影、游戏及衍生品相结合，衍生出多种形态的产品，打造出一条全产业链发展的新模式。

奋斗的岁月里，大连社遭遇了迷茫，也经历了坎坷，但大连社一直默默地努力着。无论是企业转型方向的考量、项目核心抓手的制定，还是全产业链模式的探索，无不体现出一家出版企业努力为读者服务的使命与担当。本文聚焦“大白鲸计划”，讲述大连社履行社会责任、成功实现企业转型的案例故事。

战略转型：大连社推出“大白鲸计划”

2011 年在中国出版史上意义非凡，全国经营性出版单位全部完成转企改制。这一年，大连出版社也变成了一家需要到市场中“找饭吃”的文化企业。

作为经济组织，企业首先要把自身做强做大，履行了应尽的经济责任，才能为承担更多的社会责任奠定基础。可是在市场经济的汹涌浪潮中，如何求得更好的生存和发展？大连社首先分析了出版市场的宏观环境，发现儿童出版市场前景广阔。

大连社的判断是准确的。据中文图书市场零售数据跟踪监测系统的建立者北京开卷信息技术有限公司发布的《全国图书零售市场年度报告》统计，2005~2010 年，少儿图书出版的市场份额持续增长，2010 年同比增长 12%，成为拉动中国图书出版市场上行的领头羊。大连社综合分析了自身面临的机遇及拥有的资源后，决定深耕儿童出版市场。

大连社将转型目标确定为走一条专、精、特的发展之路，然而儿童出版的领域过于宽泛。几经研究后，2012 年大连社郑重做出决定：用既是大连市的旅游吉祥物，又是儿童喜爱的海洋动物——白鲸作为形象 IP，发起“大白鲸计划”。

“大白鲸计划”想打造包括儿童文学作品征集，优秀作者发掘和培养，儿童乐园建设及动漫、影视、演艺、游戏等衍生产品开发运营在内的全产业链发展模式。

同年，“大白鲸计划”入选了国家新闻出版改革发展项目库，大连圣亚旅游控股股份有限公司对这种模式非常赞赏并加盟其中，文化产业资金也迅速跟进。就这样，“大白鲸计划”不仅成为大连社今后发展的战略，也成为转型升级迈开关键步伐的起点。

大连社实施“大白鲸计划”，先从聚焦“原创幻想儿童文学”这一细分领域入手，并提出了“保卫想象力”的核心使命。

大连社做出这一决定，是基于对儿童出版细分市场进行了大量研究后发现，国外幻想儿童文学发展历史悠久且具有世界影响力，从“格林童话”到“哈利波特”，这些西方幻想儿童文学作品影响了一代又一代的中国儿童，而我国本土脍炙人口的幻想儿童文学作品乏善可陈，处于长期被冷落的窘境。

大连社认定，开发本土原创的幻想儿童文学作品是实现可持续发展的一条值得大胆探索的道路。中国儿童文学研究会理事崔昕平曾经有过这样的评价：“‘大白鲸计划’对于中国本土原创幻想儿童文学的当代发展，发挥了重要的推动作用。它对21世纪初笼罩在我国幻想儿童文学上空的‘欧风美雨’给予了有力的反驳。”

之所以高度重视原创幻想儿童文学的开发，是因为大连社认为这样做的最终目的是保护儿童的想象力。大连社社长兼总编辑刘明辉接受媒体访谈时曾这样说：“想象力、好奇心是人类发现知识、创造知识的开始。而我们的教育机制，由于种种原因，更侧重知识的储备，对想象力的重视不足，进而导致随着年龄的增加，孩子们的想象力却在减弱。但是，未来世界的竞争一定是创新能力的竞争，而保护想象力就是保护我们的创新能力。”

大连社实施“大白鲸计划”后硕果累累，至今已成功举办了7届“大白鲸”原创幻想儿童文学优秀作品征集活动，挖掘出了大量的优秀幻想儿童文学作品。《大白鲸原创幻想儿童文学优秀作品》等近百种图书入选“十三五”“十四五”国家重点出版物出版规划项目。《百年见证》《拯救天才》分获第六届、第七届中华优秀出版物奖。多部作品获得第十届、第十一届全国优秀儿童文学奖，入选中宣部2017年“优秀儿童文学出版工程”、2019年“优秀青少年读物出版工程”，国家新闻出版署“三个一百”原创出版工程，2018年度“中国30本好书”，2016年、2017年、2018年向全国青少年推荐百种优秀出版物等。《冰冻星球》《白鲸传奇》等10多部作品分获第五届到第八届全球华语科幻星云奖最佳少儿科幻原创图书奖等。

中国出版协会少年儿童读物工作委员会主任海飞先生说："进入21世纪以来，中国的儿童文学步入了一个繁荣发展的黄金时代。作为儿童文学中最富想象力和创造力的幻想文学，更是插上了腾飞的翅膀，以一发而不可收的蓬勃向上的态势迅猛发展。幻想文学，历来是一个时代社会进步、思想进步、科学进步的文学标志，历来是一个时代追求自由、追求正义、追求未来的文学标志。幻想文学的繁荣发展，无疑是儿童文学繁荣发展的一个生动的缩影。"

大连社推出的"大白鲸计划"聚焦幻想儿童文学，在儿童文学创作领域高高举起了"保护想象力"的大旗。这一创举不仅是企业自身转型的突破口，还是大连社为保护本土文化的发展与传承、培养民族创新力与竞争力奉献的一份智慧和力量。

培育作者：大连社定制"专属计划"

大连社为发掘优秀幻想儿童文学作品，举办了一系列原创幻想征集活动，取得了良好成绩，也引起强烈的社会反响，但发展本土文学仅靠征文这一种手段是远远不够的。大连社认识到，创建一支能产出原创幻想儿童文学作品的作者队伍才是"大白鲸计划"保持竞争力的关键，也是能够源源不断产出优秀作品的源泉。于是，大连社把发力点转向对优秀作者尤其是新锐作家的选拔、培养和推广上。

企业社会责任理论中有一个非常著名的利益相关方理论，虽然学界对该理论的解读多种多样，但有一种解读得到普遍认可：企业社会责任的履行是对利益相关方利益的维护，也就是说企业不仅要追求股东财务最大化，更要追求企业价值最大化；而企业价值的实现，需要产业链各个环节共同发力。

作者队伍是大连社最重要的利益相关方，“大白鲸计划”实施的过程，也应该是大批优秀作者脱颖而出的过程。基于这样的认识，大连社把打造作者队伍视为重中之重。但当时大连社也很清楚，我国幻想儿童文学领域人才匮乏，“等、靠、要”将一无所获，必须制定合理的人才发展计划，主动做好挖掘、培养工作。只有拥有了人才队伍，才能为幻想儿童文学在我国生根发芽、枝繁叶茂奠定基础。

理清了思路，大连社为参加“大白鲸”原创幻想儿童文学优秀作品征集活动的作者在各个阶段制定了培养计划。

首先，遴选作者阶段。“大白鲸计划”采取全程匿名的评审机制进行“双向盲评”，作者与评委均不知道对方的身份。也就是说，在挑选作者时只看作者所提供的作品的质量而不问其他。这种“英雄不问出处”机制的设定，为优质作品保驾护航，也为一批不为人熟知、名不见经传的儿童文学创作者被“发现”、被“挖掘”创造了条件。

儿童文学作者龙向梅就是盲选机制下被挖掘出的优秀作者。她将第一部幻想儿童文学作品《寻找蓝色风》满怀信心地投给几家出版社，竟没有一家愿意出版。竞争激烈的图书出版市场中，没有出版社会轻易为一个新人作者付出高额的出版成本。屡屡受挫的龙向梅看到“大白鲸”原创幻想儿童文学优秀作品征集活动独特的“盲审机制”后，再次鼓起勇气，投递了书稿。连她自己也没想到，她的作品最终夺得了该活动最高等级的“钻石鲸”奖。经大连社出版后，《寻找蓝色风》被国际儿童读物联盟中国分会原主席誉为“我国新世纪童话创作的一座小高峰”，还入选了中宣部“优秀儿童文学出版工程”、国家新闻出版署向全国青少年推荐百种优秀出版物。

中国童书市场经历了黄金 20 年，但不难发现，这黄金 20 年是属于著名作家和作品的，对于大多数儿童文学创作者尤其是还处在成长期的年轻创作者来说，创作的动力是不足的。为此，大连社在“大白鲸”原创幻想儿童文学优秀作品征集活动中，专门设立了高额奖金的奖励机制，鼓励原创作品。奖项依次分为“钻石鲸”奖、“玉鲸”奖、“金鲸”奖和“银鲸”奖四个等级，首届奖金总额达 44 万元。“大白鲸计划”点燃了创作者的创作激情，大学生、程序员、小学教师、探险家……只要在“幻想儿童文学”创作方面有造诣，都有可能成为“大白鲸计划”作者队伍中的一员。

其次，培训作者阶段。大连社开办了“明日之星・作家研修班”。研修班开设之初，大连社确定了几条原则：培训导师必须是国内外相关领域顶级的专家；学员一定是经过筛选的、在儿童文学创作领域有极大热情和潜力的作者；每届研修班只招十人，确保品质。2017 年开办的第一届作家研修班将学习方向确定为少儿科幻，聘请的导师包括美国星云奖得主南希、国内科幻理论研究专家吴岩、《科幻世界》主编姚海军等业内大咖。通过研修班的学习，学员的科幻类型文学创作能力得到较大提升，学员李希军、张军等相继发表了儿童科幻新作；学员马传思凭借《冰冻星球》夺得第四届“大白鲸”原创幻想儿童文学优秀作品征集活动的“玉鲸”奖和第八届华语科幻星云奖最佳少儿中长篇金奖，2018 年出版的新作《奇迹之夏》又持续引发关注。

最后，成就作家阶段。大连社为不少有潜力的优秀作家在通往卓越的路上以各种方式提供了强大的助推力。比如，通过签售和校园剧演出的方式对作家及作品进行校园推广。大连社设立了知识产权运营部，专门开展优秀图书的版权输出工作，已成功向东南亚、南亚、北美地区输出了数十部“大白鲸计划”中的优秀图书。

大连社还在“大白鲸计划”中推出了“签约作家”制度，与有创作潜力的新锐作家签约，通过举办作品研讨会等多种方式，集中运用资源全方位宣传推广作家。此外，还致力于推动社内作家的作品参评各类行业奖项，相继摘取了冰心儿童文学图书奖、全球华语科幻星云奖等。在《大熊的女儿》和《拯救天才》双双获得第十届全国优秀儿童文学奖后，《奇迹之夏》又在第十一届全国优秀儿童文学大赛中荣获该奖。

青年作家王君心在大学四年级毕业之际，凭借《梦街灯影》被大连社发掘，成为签约作家。谈及大连社“大白鲸计划”对她的帮助时，她说：“多年来我只能把自己关在房间里、独自摸索，通过‘大白鲸计划’，我得到各路高人的点拨和指引的机会，加速了我的成长。成为签约作家之后，大连社更是不惜成本地给了我许多和名家接触、交流和接受专业写作培训的机会。”

大连社按照制定“大白鲸计划”的初衷，一步步从选拔、培养、推广作家做起，选题策划、包装出版、营销推广、版权运营、品牌塑造，每一个环节都做得很用心、很用力。对一家出版企业来说，没有什么比拥有一支高质量的作者队伍更有价值了，更何况这些作者还是大连社根据自身需要“定制”的。在儿童出版市场一片繁荣的背景下，大连社发现了市场需求的“短板”，找准了自身发展的“独门绝技”，这为企业可持续发展提供了保障。

创新发展：大连社开发“全产业链模式”

大连社转型时决定做少儿出版的目的，不仅仅是出一些童书。从发起“大白鲸计划”的那一刻起，大连社就画出了一张完整的奋斗蓝图：要对我国原创幻想儿童文学作品进行全产业链开发和品牌打造，不仅要让中国的幻想儿童文学作品在国内开花结果，还要走向世界。

大连社不满足于以前那样帮助作者完成一本书的出版就“万事大吉”，而是依据“大白鲸计划”，通过举办“大白鲸”原创幻想儿童文学优秀作品征集活动挖掘大量的原创幻想儿童文学优秀作品及作者，再由这些优秀作者持续发力产出新作后，根据读者的需求进一步衍生出更多形态的产品。也就是说，大连社产出的不仅是图书、出版物，还包括以原创幻想文学为基础的舞台剧、儿童乐园等各类产品。大连社的身份不仅是出版商，还是版权运营商。

自 2012 年大连社启动“大白鲸计划”以来，品牌图书作为上游产品，已出版了 7 个系列 160 余种 280 余万册。为扩大上游产品的影响力，大连社组织实施了一系列品牌推广活动。例如，“保卫想象力·百家千校”活动邀请杨鹏、朱奎、八路、葛冰、周锐、马传思、王林柏等近百位作家走进校园，举办千场校园讲座，大大激发了孩子们的阅读热情；“保卫想象力·阳光少年‘三个一’工程”，通过一本好书、一部舞台剧、一场讲座，在北京、西安等地演出 600 场，让千千万万孩子们体会到童书与舞台剧对照欣赏的美妙；“保卫想象力·阅读与创意”活动通过“我是大作家”“我是大导演”“我是大设计师”“我是大工匠”“我是大玩家”等一系列创意活动，给参与活动的儿童创造驰骋想象力的空间。这些活动激发了儿童阅读幻想文学作品的兴趣，也提高了“大白鲸计划”系列图书产品的知名度。

大连社推出的“大白鲸计划”中游产品中，首部大白鲸世界原创主题的动画短片在中央电视台少儿频道动漫春晚中播出。“大白鲸”优秀幻想儿童文学作品改编的多部舞台剧在北京、西安等地演出近千场，受到千万中国儿童家庭的热烈追捧。由获得“大白鲸”原创幻想儿童文学优秀作品征集活动最高奖“钻石鲸”奖的作品《寻找蓝色风》改编成的舞台剧，风靡北京各小学的校园。以“大白鲸”形象开发出的文创文具、儿童用品经各渠道销售后供不应求。

儿童主题乐园、“鲸 MALL”等大型产业园是“大白鲸计划”的下游产品，其中以“大白鲸皮皮”为品牌形象打造的室内儿童主题乐园“大白鲸世界”，已先后在大连、哈尔滨、西安、蚌埠、徐州、青岛、广州等 28 个城市开设了 37 家门店。在旅游景区内以海洋动物为主题，集文创生活、主题娱乐、美食娱乐、创客体验、休闲乐园于一体的小而美的文创商业综合体“鲸 MALL”也成功在大连、杭州等多地建成并持续开发中。

美丽的大连市是我国海岸线最长的城市，也是人人向往的旅游地；可爱的白鲸是大连市的旅游吉祥物，也是少年儿童最喜欢的动物之一。大连社借助出版的优势，将孩子们喜爱的动物和少儿出版巧妙地连接在一起，既走出了一条符合大连社实际的发展之路，又为本土幻想儿童文学的发展贡献了智慧，更为城市出版社探索创新发展模式提供了值得参照的样本。

写作感言

什么是企业社会责任？起初，我认为企业履行社会责任的方式只有一种，那就是做慈善，慈善做得越多，社会责任履行得就越好。

记得加入出版企业社会责任课题组后，韩生华老师邀请了几位社会责任专家为我们举办线下讲座。我印象深刻的是有位专家讲到全国各行业发布企业社会责任报告的数量在不断增加，质量也在不断提升，相对而言，包括出版企业在内的国有文化企业在报告发布方面是落后的，2021 年只有寥寥几家出版单位发布了企业社会责任报告。这位专家还说，我们是以出版印刷为特色的高校，更应该多关注新闻出版行业企业社会责任发展情况。

专家认为撰写出版企业社会责任案例故事稿非常有意义，这也给了我们很大的鼓舞和信心。在老师的带领下，我们研读与企业社会责任相关的书籍和文献，多次开会讨论不同出版企业践行社会责任的角度和特点，渐渐地，我也发现出版企业践行社会责任的方式方法有很多，而我需要用发现的“眼睛”去找到属于大连社的独特做法。

可是 2022 年的疫情反复，客观上导致我们无法“面对面”与企业对话，更没有机会深入企业了解更多鲜活的故事。这也给我的写作带来一定的困难，因此，我更多的是借助网络了解内容。

打开大连社网站，首先吸引我的是憨态可掬的大白鲸以及琳琅满目的儿童绘本。作为城市出版社，大连社认为对儿童想象力的保护和培养有非常重要的意义，开辟了一条产业创新转型的道路，把视角投向幻想儿童文学领域。

大连社的这一特色让我十分兴奋，期待自己能够写出一篇优秀的案例故事稿。但真正提笔开写时我却发现，把大连社践行社会责任的事迹富有故事性地呈现出来并不容易。于是，我听从老师建议，静心研读了大连社出版的《寻找蓝色风》《拯救天才》等优秀幻想儿童文学作品，从读者的角度去感悟大连社优秀图书的价值。

这次撰写大连社践行企业社会责任案例故事稿，让我深刻认识到了培养想象力在儿童教育中的重要性。想象力之于儿童，犹如养料之于树苗。小而言之，想象力丰富的孩子在写作时更容易写出生动、有趣、故事性强的文章。大而言之，想象力丰富的孩子往往能打破常规，发现事物的不同点，走出一条不同于常人的创新之路。

虽然案例故事稿在老师和大连社工作人员的帮助下完成了，但大连社带给我的影响却远远没有结束。只要与家中有小孩的亲戚或朋友视频通话，我都会反复给他们宣传培养想象力的重要性，并且向他们大力推荐大连社出版的相关优秀作品。我也因此一直在持续阅读优秀作品，希望还能够“亡羊补牢”，提高自己的思考能力和文字表达能力。

2022年，我在遭遇了各种意想不到的困难的同时努力完成大连社企业社会责任案例故事稿撰写。这段经历也让我收获了一个珍贵的人生启示：选定一个正确且有意义的方向，不惧困难、全力以赴、坚持到底。

初稿作者：李　英

拥书自雄显担当

——陕西师范大学出版总社社会责任实践观察

在我国 160 多所师范类高等院校中，直属教育部的仅有 6 所，陕西师范大学就是其中之一，也是现在中国西部地区唯一一所。而由教育部主管、陕西师范大学主办的陕西师范大学出版总社（以下简称“陕师大总社”）自 1985 年成立以来，连续获得“全国版权示范单位”“中国版权年度最具影响力企业”“图书出版单位社会效益评价考核优秀单位”等殊荣，在全国高校出版领域卓尔不凡。

如果你有机会走进陕西师范大学出版传媒大厦，一定会被大厅中充满厚重感的独特文化墙所震撼：密密麻麻的文字或镂空，或凸起，错落有致地排列着，极像古代的碑刻。其实这些文字是陕师大总社多年来已出版精品书刊的名称。文化墙上还镶嵌有陕西师范大学教授、著名书法家卫俊秀

---

* 本文初稿作者为北京印刷学院新闻传播学院 2021 级硕士研究生周欣，经指导教师韩生华审定。

先生题写的 4 个充满立体感的金光闪闪的大字——拥书自雄。

“抱道不曲，拥书自雄”是陕西师范大学的学风，寓意为持守正道，以学养高深、博古通今为荣。陕师大总社将“拥书自雄”4 个大字放在办公楼最显眼处，与其自身是一家文化出版企业的身份再贴切不过了，有一种胸怀天下、舍我其谁的气势和担当。

作为一家高校出版社，陕师大总社始终以“刊书载道，立社弘文”为宗旨，以“建百年名社，立文化大业”为目标，爱好书、做好书、出好书，用书服务社会、服务文化、服务教育。书，是他们精心打造的产品；出精品书，是他们心怀天下、勇敢担当的力量源泉。建社近 40 年，陕师大总社为老少边穷地区捐书捐物，为脱贫攻坚出书出力，在履行社会责任、体现公益精神的路上留下了一串串坚实的脚印。本文以抗击新冠疫情为背景，讲述陕师大总社以书抗疫，努力承担社会责任、践行出版使命的故事。

争分夺秒：三天出版全国心理防疫第一书

2020 年伊始，陕师大总社响应中央和陕西省委号召，迅速反应，决定依靠陕西师范大学学科优势，从心理防疫角度切入，出版一本缓解读者心理恐慌的科学读物——《新型冠状病毒感染的肺炎疫情下心理健康指导手册》（以下简称《心理健康手册》）。

2020 年 1 月 28 日，一支由长期从事心理学研究和心理健康教育研究的专家领衔的编写队伍组建完毕，陕西师范大学校长、中国心理学会原理事长游旭群教授担任编委会主任。陕师大总社领导给本书定下目标：虽然时间紧，但一定要让群众“看得懂、记得牢、用得上”。总社领导亲自协调各环节，一场与时间赛跑的战斗正式打响。

负责统稿的毛志宏教授是陕西师范大学学生心理健康教育指导中心主任，也是国家二级心理咨询师。她带领团队用不到20个小时就完成了《心理健康手册》的内容部分，比预期缩短了1/3。编校环节在三审三校流程不变的前提下，硬是把工作时间压缩到了40个小时之内。文字稿件出清样后，音频录制组立刻抢抓深夜噪声最小的时间进行录制，最大限度提高了工作效率。负责绘画的插画师桃金娘当时因疫情被困在乡下，为了下载绘画软件硬是去村里一家家蹭网，中途眼睛因过度疲惫一直流泪，但她仍然按时交上了30余幅精美插图，为整本书增色不少。排版公司人员连续工作30余小时毫无怨言，且一直强调为抗疫做贡献，免费排版。

2020年2月1日，陕师大总社《心理健康手册》的电子版在微信公众号上线，供读者免费阅读。全书为读者科普了常见的心理应激反应、应激状态下心理应对方法、心理危机干预知识和不同人群调试的方法与建议。这本书上线后反响强烈，很快就出现了第一个10万+的阅读量。读者转发纷纷评论："谢谢师大的雪中送炭，转发了""该书犹如一场及时雨，有用极了"。据统计，《心理健康手册》全网总阅读量超400万次。

《心理健康手册》的音频版和纸质版也相继发挥作用。2月2日，陕师大总社联合"喜马拉雅"推出《心理健康手册》的有声书，供读者免费收听。之后又在"掌阅""十点读书""懒人听书""咪咕阅读""蜻蜓FM""企鹅FM""央广云听""芒果云听"，以及北京人民广播电台"听听FM"等10余个平台上架该有声书，总阅读及收听量超过200万次。2月3日开始，陕师大总社又将赶印出来的3万册图书向陕西抗疫前线、西安交通大学等高校以及全国多家新华书店赠送，还特别向湖北抗疫一线赠送了近4000册，送去了来自陕西的支持与祝愿。“学习强国”平台、国家知识服务平台以及全国新华书店系统50余家书店、陕西省60余家媒体单位得知有这样一本书后，也在各自平台推出该书的网络版。当时，《人民日报》以《抗击疫情阻击战，更是一场全民心理战》为题报道了《心理健康手册》的出版情况。

在《心理健康手册》一书出版和公益推广中，陕师大总社还以最快速度将《心理健康手册》翻译成英文版、俄文版、日文版、韩文版，通过学习强国、人民网、全民阅读联盟平台等供国内外受众免费阅读，受到许多外国读者的欢迎。该书英文版电子书在中国图书进出口（集团）有限公司举办的“2020中国电子书库年度盘点”活动中被评为“2020年度最受关注的疫情相关图书”。

从1月29日开始工作，到2月1日全书完成并且电子版公开上线，陕师大总社用不到三天时间编制出版的《心理健康手册》创下一个个佳绩，这本书成为当时全国最早正式出版的疫情防控心理健康疏导书。三天出版一本书，不可谓不是一个小小的奇迹。而这份奇迹来自有序领导下的多线并进，来自各岗加班加点的“夜不愿寐”，更有出版人助力抗疫的迫切之心。

这本书后来再一次派上了用场。

2022年初，正值高校期末考试阶段，因为疫情防控，学生产生了焦虑、不安等情绪。陕师大总社意识到特殊情况下关注学生群体心理健康的迫切性，于是快速行动起来，克服各种困难，将赶印好的7.8万册《心理健康手册》赠送给西北大学、长安大学、西北政法大学等45所高校。当学生们收到陕师大总社送来的这份特殊“礼物”时，纷纷以各种方式表达了感激之情，并表示会坚定信心、共同抗疫。

在疫情大考的关键时刻，陕师大总社以强烈的社会责任感和抗疫有我的担当，用最快的速度、最强的力量、最完美的配合为读者送上了最需要的图书，彰显了出版的力量，也为出版人树立了榜样。

全面出击：抗疫读物遍地开花

《心理健康手册》受到欢迎和认可之后，如何利用出版优势继续服务抗疫大局成为陕师大总社进一步思考的问题。

“没有从天而降的英雄，只有挺身而出的凡人。”疫情肆虐时网上流传的“逆行者”的家书感动了无数人，陕师大总社敏锐地意识到这些家书的出版价值，于是紧急组织40余位编辑参与采编工作，并在2020年2月9日推出了《战“疫”家书》。这本书从策划、编辑到推出只用了两天半时间，上线后激励了“逆行者”的小家，感染了“社会上”的大家，读者对家书的形式高度赞扬：“家书的回归，不仅尽显了中国传统书信文化的魅力，还是一幕幕生动的抗疫生活史。”

之后，陕师大总社又将关注的目光投向一群特殊的读者——智力障碍儿童。2020年2月17日，《走开！冠小毒》一书诞生。这本书从人物设定、场景安排到语言风格、绘画手法等，都充分考虑了智力障碍儿童的思维方式和学习特点，以生动的画面和有趣的内容引导特殊儿童群体爱护野生动物、保护环境。陕师大总社还将这本书赠送给省内外100余所特殊学校，为特殊时期的特殊群体送去了出版人的关心和关爱。

2020年2月19日，一本抗疫文学作品集——《口罩里的爱：2020海内外抗击新冠肺炎疫情诗歌选》正式推出。书中所选的94首诗作，是由该书主编、著名诗歌评论家谭五昌经过一个多星期夜以继日地辛苦编选，最终从海内外1000多名诗人的近万首诗作中遴选而出的。选本中诗人阵容强大，既有吉狄马加、黄亚洲、李少君等诸多诗坛名家宿儒，也有学者、公务员、士兵、商人，还有关心中国疫情的国际友人。陕师大总社用诗作记录和见证了这段特殊的历史，读者们用读诗的铿锵之声驱散疫情的阴霾，可谓别出心裁。

临近月末，陕师大总社又推出两本压轴战“疫”佳作。2020年2月27日，《力量：中国作家2020早春纪事》文学作品集出版。这部作品由陕西籍著名作家贾平凹参与撰写并担任主编，精选了全国多名作家面对疫情的所思所想、所见所闻。从不同角度展现了国人众志成城、守望相助的实际行动和精神力量。2月28日，《战“疫”日记》一书问世，写日记的作者中有为城市正常运转而奔波的打工人，有战斗在社区疫情防控第一线的工作者，有挨家挨户叮嘱村民的村支书，还有火神山医院工地上的施工者等。陕师大总社用朴实的文字和清晰的图片记录下了普通人的内心独白，也给这个特殊的时期留下了一份份真诚、美好和感动。

陕师大总社用文字、视频、音频、漫画等多媒融合的方式推出了多种战“疫”出版物。他们将文稿转换成TXT、PDF、EPUB等多种电子书格式，向“亚马逊”“人民阅读”“百度阅读”“咪咕阅读”等20个平台推送。编辑还自己上阵或请专业录音公司录制有声文件，在“喜马拉雅”“掌阅”“十点读书”“懒人听书”等10余个平台上架有声书。各种形式的抗疫作品满足了受众的不同需求，也为全国出版企业积极助力抗疫一线的行动添上一抹亮丽的色彩，引起国内众多媒体和平台的关注。

2020年3月7日，人民日报社旗下的“人民数字陕西”以《出版战“疫”，助力打赢疫情防控阻击战——陕西师大出版总社8种战“疫”图书全力服务抗疫大局》为题，对陕师大总社的事迹进行了报道。“学习强国”平台持续关注报道了陕师大总社 2 月推出的每一种出版物。《中国新闻出版广电报》《中国出版传媒商报》《中国教育报》等行业媒体也不吝版面，连续报道图书的出版信息并转发网络版全文。《陕西日报》《西安晚报》《华商报》等陕西媒体不仅持续报道，还为部分图书开设专栏连载连听。各媒体对陕师大总社在抗击疫情时“正确引导舆情、促进解决问题、回应社会关切、化解公众焦虑”的能力和行动给予高度肯定。

2 月是一年中天数最少的月份，又是 2020 年陕师大总社集中推出抗疫主题图书最多的一个月。在疫情防控的艰难时刻，陕师大总社全面出击，集中优势力量将一本又一本“强人心、暖人心、聚人心”的抗疫读物奉献给各行各业的人们，全方位、多层次地满足了不同读者的需求，为抗击疫情贡献了出版人的力量，彰显了出版人的风采，履行了出版人的责任。

常态抗疫：深耕出版融合发展之路

疫情防控常态化时期锤炼了陕师大总社的战斗力、凝聚力，客观上让陕师大总社在融合发展的过程中收获了许多。其中，上线一年多的首阳教育云平台（以下简称“云平台”）便是一个颇具说服力的鲜活案例。

“云平台”是陕师大总社自主投资、建设运营的数字化业务基础平台。“首阳”是清晨的第一缕朝阳，象征着每一天的新开始，而将“首阳”二字作为名称，也寓意着陕师大总社希望“云平台”就像朝阳一样，成为他们运用创新思维、立足数字新基建、谋求出版新发展的开始。

从 2018 年启动建设，到 2022 年注册用户超过 3 万余人，“云平台”

发展迅速。在居家办公、学习需求的倒推下，“云平台”进一步加快产品升级、服务优化、业务进化的速度，一边充分发挥新媒体矩阵的集群效应，全面梳理出版社内各种资源优势，一边又借助数字化手段转化优势，延续、放大并重塑了品牌价值，推出“中教参”“卓越教研”等重点品牌，构建了“首阳+”的品牌矩阵。同时，陕师大总社认为人才是推动融合发展的先锋队和生力军，通过对传统编辑的“一对一”培训、项目实战演练，将他们培养成了会策划、能管理、懂运营的“产品经理”，为项目持续运营提供人才支撑。

疫情没有阻碍陕师大总社探索行业未来的脚步，陕师大总社也因直面挑战的勇气，赢得了社会效益与经济效益的双丰收。据陕师大总社统计，截至2021年11月，“云平台”上线一年多以来，克服各种困难，开展教师培训直播课115场，参与学员超10万人次，上架运营直播课程、点播课程、纸质期刊、电子期刊等13类560余个商品，产生各类有效支付订单2.6万个，入选2020年度“全国新闻出版深度融合发展创新案例”和2021年“第五届中国数字出版创新论坛出版融合发展优秀案例”，在数字化转型的挑战中迈出坚实的步伐。

作为一家位于“一带一路”起点上的高校出版社，陕师大总社在让中国故事出海、推进与沿线国家和地区之间的文化与教育交流、促进共建共商共享等方面展开积极探索。2021年4月26日，由陕西师范大学全球区域与城市研究院主办的《全球空间与“一带一路”研究》丛书阿语版出版签约仪式暨学术研讨会成功举办。这套丛书中文版由陕师大总社出版，阿语版主要在阿拉伯地区国家发行，将为推动双方在共建“一带一路”中凝集共识发挥推动作用。在2022年第1期出版的《中国发展》期刊上，全国政协常委、港澳台侨委员会副主任、致公党中央副主席闫小培在《人类命运共同体构建的多维交互空间实践探索》一文中，向读者介绍并推荐了陕师大总社的《全球空间与“一带一路”研究》丛书，充分肯定了陕师大总社在推广中国智慧方面所做的务实推进工作。

入选国家新闻出版署“2020年度数字出版精品遴选计划”“百家数字出版精品项目献礼建党百年专栏”的丝绸之路历史地理信息开放平台（以下简称“丝路平台”），则是陕师大总社对国家“一带一路”倡议的直接响应。随着现代社会的高速发展，许多文化已逐渐消失。面对璀璨的中华文明，如何利用科技手段进行创新性延续，是当今时代文化建设亟待解决的问题。

陕师大总社在国家社会科学规划重大项目与国家文化产业发展专项资金共同支持下，依托陕西师范大学国家级一流本科专业地理信息科学专业，开发出基于历史地理信息系统的“丝路平台”，提供“一带一路”两千年来土地、生态、交通商贸、民族宗教、聚落城市、文化传播、考古遗存等方面的知识服务，现已成为辅助政府决策、开展丝路研究、传播丝路文化的重要载体和工具。

“丝路平台”的应用案例之一，是与西安云图信息公司合作出品的《玄奘西行》。《玄奘西行》是以唐代高僧玄奘法师为原型，以玄奘取经的事实为依据开发的一部三维动画数字人文动态地图，其中玄奘的西行路线、途经点、游历路线和返回路线的信息数据，全部来源于“丝路平台”。截至2022年，“丝路平台”的基础数据及专题数据入库数量已达500余类，数量超过200万条，平台IP访问量已超2万人次，最新月活数1.25万用户，这个项目既是陕师大总社融合发展与数字化转型的标志性工程，也是陕师大总社助力“一带一路”研究的代表之作。陕师大总社与西安复兴文明集团公司等四家单位合作、入选国家广播电视总局2019年度“丝绸之路影视桥工程”重点项目的大型数字全息展演纪录片《丝路大遗址》已制作完成，即将在央视播出。

“坚持正确方向，坚守核心价值，保持文化定力，体现出版担当”是陕师大总社的文化初心和出版使命。在近四十载的奋斗征程中，虽经历了风风雨雨、遭遇了坎坎坷坷，但陕师大总社矢志不渝，努力拓展责任的边界，全力诠释精品的内涵，在中国大地上书写高校出版社高质量发展的美好篇章。

写作感言

我的老家在陕西，当我接到课题组任务，撰写陕师大总社社会责任案例故事稿的任务时，心情十分激动，跃跃欲试。之后，我和大家一道，花了大量时间了解各自负责出版社的情况，思考如何将社会责任与出版社各自特色结合起来。

我比较幸运，是课题组中唯一深入出版社实地采访的人。2022 年 4 月，我来到陕师大总社采访，出版社领导热情接待了我，对我提出的每一个问题都耐心解答、娓娓道来。我对出版社这一文化单位的认知变得更加立体，对书籍和出版的社会功能有了更加深刻的认识，对出版社履行社会责任有了更直观的感受。原来，好的出版物不仅能够传授科学创新知识、给予读者精神力量、满足读者精神需求，还能为社会可持续发展做出实际贡献。这些贡献虽然无声，但是有力，而这力量离不开时间的沉淀。

在后续的写作中，我越发体会到出版业是一个信奉长期主义的行业，出版社做的是一些需要做很久才能获得收益的事情，如果没有耐心，是很难坚持下去的。这与企业社会责任的核心价值不谋而合。

企业社会责任的核心是追求可持续发展，优秀的企业一定是既考虑当下的生存，也为以后的长远发展做谋划的企业。道理简单，行则不易。在信息碎片化时代，不少出版单位的生存发展都遇到了严峻的挑战，无暇承担额外的社会责任。南宋理学家朱熹说："仁者，以天下为己责也。"我们依然看到许多出版社在默默无闻、兢兢业业履行自身生存发展职责的同时，还在国家发展、人民需要的时候主动运用所持资源承担更多的社会责任。

陕师大总社在疫情肆虐的时期高度关注高校学子遇到的实际困难，捐书、捐物资，多次承担起作为一家高校出版社的社会责任，让无数学子感受到了来自出版行业的温暖。要不是这次撰写出版企业社会责任的文章，我想不到原来我国出版单位还有这么多感人的故事。所以，在撰写过程中每每遇到困难，一想到这些真实发生的事情，一想到自己承担着向更多人传播这些案例故事的责任，就又浑身充满了动力。

唯一遗憾的是，这次撰写出版社社会责任案例故事稿花费的时间比最初预设多了很多，但各家出版社从未给过我们压力，各出版社对我们这些在校学生成长的耐心也是践行社会责任的体现。这次撰写陕师大总社社会责任案例故事稿让我明白，要想做成一件事，不仅需要热情，更需要毅力和时间的打磨。正如出版社履行社会责任，除了有愿景和目标，更要有踏踏实实落地的举措。也正如当时抗击疫情的工作，虽然情况复杂、责任重大，但越是这样，我们越是需要做时间的朋友，用耐心一点点恢复原来的生活。

感谢陕师大总社在我撰写初稿过程中给予的支持和帮助，感谢这次写作让我了解了出版行业有责任的人、有责任的事。

初稿作者：周　欣

社会责任从概念到行动*

——社会科学文献出版社社会责任实践观察

2021年的最后一天，社会科学文献出版社（以下简称“社科文献”）第八份社会责任报告在北京发布。扫描报告上的二维码，即可用手机一览社科文献践行社会责任的风采。试着翻翻页，读者还可以听到“唰唰”的翻书声，仿佛手中握着纸质的社会责任报告。

自2013年起，社科文献已连续八次高质量发布企业社会责任报告，是我国唯一发布社会责任报告的单体出版社。在一些出版企业看来，自己不是上市公司，上级主管单位或行业管理部门也没有提出过相关要求，发布社会责任报告是“可做可不做”甚至是“多一事不如少一事”的“麻烦事”。可在社科文献看来，发布社会责任报告不仅有利于及时梳理总结社会责任的实践，还对企业提升品牌价值和责任管理水平具有促进作用，是

* 本文初稿作者为北京印刷学院出版学院2020级硕士研究生肖可心，经指导教师韩生华审定。

一件值得一直坚持做下去的事情。

八份沉甸甸的社会责任报告，书写了社科文献对企业社会责任的认识和理解，也见证了这家学术出版企业社会责任从概念到实践的成长过程。

“走出去”中认识社会责任概念

翻开社科文献的社会责任报告，不难发现，“学术出版”“国际出版”等词出现的频率很高，而社科文献真正接触“社会责任”这一词，也源于“走出去”过程中的一次偶然。

20 世纪末，我国在经济、技术和管理方面实现了高速发展，国内一些企业的产品市场逐渐趋于饱和，开始把目光瞄向国外，寻找新的发展机会，社科文献也不例外。作为直属于中国社会科学院的专业学术出版机构，他们响应国家号召，踏上了学术出版“走出去”的道路。

为了展现中国学术出版的水平，也为了与国际先进的出版社展开合作，社科文献将国际出版作为自己的第三次创业战略。从出版模式构建到人才培养，从考察学习到组织国际展览，无不体现着社科文献对这项工作的重视。“走出去”并非坦途，由于各国的国情、市场特点、语言和法律等方面存在较大差异，他们刚一开始沟通合作事宜就遇到了障碍。

社科文献接触到的第一个国外企业是国际著名学术出版机构——荷兰博睿（Brill）。这家学术出版社创立于 1683 年，为全球多个国家的研究机构、图书馆和学者提供学术资源，是一家有着广阔国际视野的学术出版社。多年来，荷兰博睿形成了一整套成熟的价值理念和十分严格的学术规范，将先进的社会责任理念与出版社的战略管理和日常运营相结合，并通过发布企业社会责任报告的方式向社会披露自己的责任理念。

在荷兰博睿看来，“社会责任”已经是国际合作中通行的话语体系，是判断双方是否有共同价值观的“标准尺”。在与社科文献合作之前，他们想了解这家出版社的社会责任理念是什么、社会责任报告发布状况如何、企业履责绩效怎样等情况。一系列的提问让社科文献不知该怎么应对。虽然由于种种原因这次合作未能成功，但这次遭遇对一向看重“专业”二字的社科文献触动很大，他们暗下决心要学习专业意义上的“社会责任”概念，也希望尽快了解“社会责任”这个国际合作“通用语言”的相关知识。

社科文献在学习的过程中了解到，随着“走出去”步伐的加快，国务院国资委对国有企业履行社会责任并按时发布社会责任报告的要求越来越高，上交所和深交所也对上市企业提出了增强责任信息披露的要求。社科文献逐渐意识到，中国的出版企业从计划性到市场性转型比其他工业企业晚一步，要想获得可持续发展，必须像那些已经成功“走出去”的企业一样，带着社会责任一起融入国际市场，而且只有将国际上先进的社会责任理念与出版社自身发展相结合，才能打开与国外企业合作的大门。出版社领导斟酌后决定：社科文献要开始发布企业社会责任报告。

单体社中第一个发布社会责任报告

《社会责任与 ISO 26000 国际标准解读》一书中对“企业社会责任报告”的解释是这样的：企业针对其经营活动对经济、社会和环境所造成影响、取得的成绩及不足等，向利益相关方进行信息披露的一种方式。

2012 年底，社科文献正式决定编制第一部属于自己的企业社会责任报告。“要做就要做出专业水准！”社领导给出明确指示。

这话说起来容易做起来难。刚开始编制社会责任报告时，社科文献也是“大姑娘上轿头一回”。什么是出版企业的社会责任，什么是社科文献的社会责任理念，社会责任报告的核心议题是什么，编制工作从何入手……面对让人一筹莫展的种种难题，社科文献先从调研学习入手。有了基本思路，他们着手做的第一件事是建立社科文献企业社会责任委员会，由一名社领导任委员会主任，同时邀请中国社会科学院社会责任专家把关。这一步让社科文献成为出版业中唯一拥有专业的社会责任委员会的企业。

社会责任委员会的委员来自各分社、事业部、公服管理等部门，大家共同梳理、商定社科文献的社会责任理念乃至战略。除此之外，社科文献还组建了企业社会责任报告课题组，让社内有社会学专业及相关背景的员工成为主要编撰者，市场部、人力资源部、皮书评价研究中心等为主要配合部门。有了组织机构和专项经费的保障，社会责任报告的编制工作就进入了快车道。

在编写过程中，社科文献还充分挖掘独有的社会责任学术资源，找到了《中国企业社会责任报告编写指南（CASS-CSR2.0）》《社会责任与 ISO 26000 国际标准解读》等专业书籍，以及社科文献出版的《中国企业社会责任研究报告》《中国上市公司社会责任信息披露报告》等专业书籍，不断进行分析和学习，逐渐对利益相关方、报告指标参数等有了准确的理解，对应该收集的社会责任数据和资料有了明确的目标，报告编制工作一点点理出了头绪。

经过业内外专家的具体指导和编撰者的反复修改，社科文献第一份社会责任报告完成了。2013 年 12 月，社科文献召开中国出版企业社会责任研讨会暨报告发布会，隆重推出他们在社会责任信息披露方面的第一份报告。

这份报告“社长致辞”一栏中有这样一段话：“通过实践，我们深知社科文献所肩负的社会责任重大，不仅关系着企业自身和每一位员工的可持续发展，还关系着中国人文社会科学的繁荣发展，更关系着读者的切身利益、产业链的和谐顺畅、出版行业的健康有序。我们将坚定不移地把履行企业社会责任的行为融入到日常的出版社经营活动中。”

这份报告最后一个栏目“2013 年企业社会责任展望”中写道：“2012 年，是社科文献开启企业社会责任工作的元年。本报告浓缩了一年多来社科文献同人和外部合作伙伴共同取得的履责成就、喜悦和认识……”从那时候起，社科文献一直通过发布社会责任报告，记录在履行社会责任路上的付出与收获。

从“七为”到“四个坚持”的转变

如果说认识企业社会责任是社科文献迈出的第一步、编写企业社会责任报告是第二步的话，那么现在社科文献已经走到了第三步：如何更好地发挥企业社会责任报告的价值。

翻阅社科文献已经发布的八份社会责任报告，第一印象是“专业”。从图文编排到专业术语，从内容要素到形式风格，均体现着社科文献作为专业学术出版机构对“专业”的苛求。第二印象就是“成长”。从 2013 年的第一份社会责任报告到 2017 年的第五份社会责任报告，社科文献一直将“七为”（为行业、为学术、为读者 / 客户、为伙伴、为员工、为环境、为社会）作为自己的社会责任战略，主要从这七个利益相关方的角度承担对服务学术、环境保护、社会公益的责任。而从2018年的第六份社会责任报告开始，社会责任战略的部分就从原来的“七为”转变成“四个坚持”，即坚持融合发展、坚持专业化立社立场、坚持以作者为中心的客户战略和坚持改革创新。

社科文献的社会责任战略为何在这一年发生了改变？报告中的“社长致辞”给出了答案。2018年是全面贯彻党的十九大精神的开局之年，也是我国改革开放40周年，作为哲学社会科学专业领域的学术出版机构，社科文献面临着前所未有的机遇和挑战。一方面，2018年是重大时间节点，有许多全方位、多角度总结中国经验的图书出版，社科文献可以借此机会讲好中国故事、向世界传递中国声音；另一方面，由于国际环境复杂多变和互联网对出版业的冲击，社科文献的转型升级面临诸多挑战。在这种大背景下，社科文献深知外界对自己的期待已悄然发生变化，即从一个单纯的图书出版者变成一个学术生态的维护者，学术体系、学科体系、话语体系的参与者和建设者。

出版业是一个以人为核心资产的行业，要想实现高质量发展，社科文献就要回归自我，通过自我建设和能力的增强来更好地履行社会责任。如果仍从“七为”角度践行社会责任，社科文献将失去发展的内生动力，永远会被推着往前走。而要开创社科文献高质量发展、高水平治理的新局面，实现可持续发展，就一定要做到“四个坚持”。

从“七为”到“四个坚持”，社科文献将社会责任理念写在社会责任报告里，也落实在企业的日常经营管理中。从最初被动的、孤立的、向外诉求的1.0阶段，升级为主动的、联结的、向内诉求的2.0阶段。在企业转型升级的过程中，社会责任信息披露不断正向影响着企业价值，促进了企业的健康可持续发展。

社会责任报告提供了新参照新视角

截至目前，社科文献出版的图书书名中有“社会责任”一词的有70多种，其中大部分为蓝皮书。2021年1月，社科文献出版的金蜜蜂企业社会责任蓝皮书《金蜜蜂中国企业社会责任报告研究（2020）》，对2020年中国企业发布社会责任报告的情况进行了系统而专业的研究，得出的结论是：传播与文化产业报告发布数为91份，占总体发布数量的5.26%；传播与文化产业企业的报告依然处于起步阶段，整体质量相对不高。

北京印刷学院在对我国出版企业社会责任报告的持续研究中发现，2021年我国有13家出版上市公司发布了企业社会责任报告，社科文献依然是我国唯一连续发布企业社会责任报告的单体出版社。

既不是上市公司，又没有任何组织要求，社科文献自觉高质量发布社会责任报告的动力是什么？相关部门对文化产业中的出版企业尤其是单体社没有发布社会责任报告的要求，社科文献坚持这样做又是为什么？

其实，发布社会责任报告让社科文献实现了双赢。对外，他们通过发布报告与利益相关方保持良好的沟通，及时传达了企业的发展变化；在向社会展示履责内容、绩效的同时，他们又收集到来自各方的真实诉求，不仅能够审视自身在践行社会责任方面的问题，找到未来发展的方向，还塑造了良好的、有责任感的企业形象。对内，通过编制和学习企业社会责任报告，员工的责任意识得到了强化，企业的社会责任愿景、理念、组织架构等管理体系日臻完善。编制社会责任报告让社科文献更加“看清”了自己走过的路，例如当初在梳理“七为”中的“为员工”这一板块时，社科文献全面统计了近5年员工的增长速度、学历和年龄占比、年流失率、培训状况等情况，并借这个机会分析了实行管理和专业技术双向晋升机制、领导干部交叉任职制度、员工轮岗制度等做法的绩效，进一步完善了企业的管理体系。“为员工——帮助每一个有梦的出版人实现梦想”是社科文献社会责任报告中总结出的一句话，也是他们多年来孜孜不倦的奋斗目标。

连续八年发布社会责任报告，社科文献对出版企业社会责任的认识更加深刻、全面，他们构建的《出版企业社会责任指标体系》为其他企业提供了参考的依据，也为推动出版行业社会责任工作注入了可贵的力量。中国新闻出版研究院党委书记魏玉山曾这样评价：“社科文献企业社会责任报告为我们在新形势下认识出版单位提供了一个新的参照，一个新的视角，更加充分、更加全面地反映出一个社会组织在社会中全面的贡献情况，是我们对出版单位社会定位的一个新的认识高度。”

企业积极履行社会责任，在运营全过程对利益相关方、社会和环境负责，是适应经济社会可持续发展要求、提升企业核心竞争力的必然选择。2020 年 11 月 2 日，中央全面深化改革委员会第十六次会议审议通过《关于文化企业坚持正确导向履行社会责任的指导意见》。2021 年 2 月，中共中央宣传部等印发《关于文化企业坚持正确导向履行社会责任的指导意见》，鼓励文化企业自觉履行社会责任，做好社会责任信息披露工作。

2022 年 3 月，为切实推动中央企业社会责任工作，经中央编委批准，国务院国资委社会责任局成立。由此可见，进入新发展阶段后，党和政府对企业履行社会责任提出的要求越来越高、力度越来越大。社科文献在企业社会责任信息披露方面已经为出版行业提供了宝贵的学习案例。

社科文献 2018 年度社会责任报告中有这样一句话：“出版虽为一个小的行业，但恰逢这样一个伟大的时代，作为出版社，提供充足的精神食粮，讲好中国故事，发时代之先声，不失为一种伟大的壮举，更是践行社会责任的最好体现。”

的确，出版业只是众多行业之一，但出版又肩负着特殊的社会责任。当下，出版企业在履行社会责任方面已经迈出了坚实的步伐、做出了应有的贡献，但在社会责任信息披露方面还有很长的路要走。社科文献为出版企业提供了一个参照和视角。社科文献从对企业社会责任概念的知之甚少，到如今一步步加深理解和实践，经历了一个不断成长、不断完善的过程，希望社科文献的案例故事，能为奋进在高质量发展道路上的出版企业开启思路、提供借鉴。

写作感言

这次撰写社科文献社会责任案例故事稿，最大的收获是我的硕士研究生毕业论文主题选择了“国内出版企业社会责任报告编制指南构建研究”。

在论文写作的过程中，社科文献已发布的八份高质量社会责任报告常常出现在我的脑海中，成为我毕业论文研究的重要案例资料。在研究中我发现，社科文献报告编制过程中的规范步骤、专业组织和高度配合等是出版业内绝无仅有的。特别是他们在2016年度报告中推出的《出版业社会责任指标体系》，不仅是我毕业论文中构建出版企业社会责任报告编制指南内容指标的重要参考，更是出版行业社会责任发展过程中的重要成果。从为社科文献撰写社会责任案例故事稿，到以社科文献为案例撰写毕业论文，我不由得感叹社科文献的社会责任实践真是常看常新，越是深入研究，越能从中获得启发。

当初接到课题组安排撰写案例故事稿时，我的心情既激动又复杂。激动的是社科文献是出版企业中社会责任工作走在前列的出版社，已经发布过八份社会责任报告，有很多可写的内容；复杂的是社科文献的社会责任实践无论哪方面都能作为其他出版社的参考，写好案例故事稿压力很大，一时不知道如何下手。

我认真研读社科文献的第一份社会责任报告，了解他们是如何进入社会责任领域的。我发现社科文献最初接触社会责任时与现在大多数的出版社一样，也是手足无措的。都说万事开头难，只要将社科文献进入社会责任领域的过程作为真实案例故事讲给行业内的其他出版社，大家不就能了解践行社会责任的意义，不就有了开始编制社会责任报告的勇气了吗？最终，我的案例文章以“社会责任从概念到行动”为题，按时间顺序讲述了社科文献在“走出去”过程中认识社会责任概念、发布第一份社会责任报告以及树立社会责任理念的故事，讲述了社科文献刚开始的艰难和无措，也讲述了社科文献在履行社会责任过程中的进步和收获。我想这就是社科文献坚持八年发布社会责任报告的原因，也是我们课题组撰写出版企业社会责任案例故事稿的意义所在。

践行社会责任，没有捷径可走，就如同撰写社科文献案例故事稿的过程一样，只有不断克服前进道路上的困难，才能收获成功。我们讲述出版企业社会责任的案例故事，不只是宣传这些企业为社会所做的贡献，也希望以此吸引和召唤更多的出版企业加入共同践行社会责任的“朋友圈”里。我希望社科文献社会责任案例故事是循循善诱的“老师”和亲切温暖的“学长”，让这条“求学”路上有更多的同伴携手前行。如果我们撰写的案例故事能让更多的出版企业得到启发，在践行社会责任的过程中开创“以老带新”的局面，那是再好不过了。

作为出版专业的在读硕士研究生，这次写作也让我发现自己在出版专业知识和社会责任知识方面的短板，但很庆幸在即将毕业之际，社科文献社会责任案例故事稿的撰写，让我对出版企业社会责任工作有了进一步的了解。希望自己将来能为出版行业的社会责任做出更多的贡献。

初稿作者：肖可心

乡村娃娃背上“名著小书包”*

——江西美术出版社社会责任实践观察

江西美术出版社（以下简称“江美社”）成立于1989年，是一家专业美术出版社。秉持着“书缘美伴，心存高远”的办社理念，江美社充分发挥美术作品、绘画、摄影等可视化手段的优势，核心竞争力不断提升。江美社曾荣获全国性、区域性、专业性奖项300余项，先后被评为“全国出版系统先进集体”“良好出版社”“全国百佳图书出版单位”“国家一级出版社”等荣誉，综合实力在全国30多家美术类出版单位中名列前茅。

作为一家美术出版社，江美社将美术特色发挥得十分到位，在打造美术图书出版和品牌的同时，始终不忘文化企业的社会责任和担当。2018年，我国脱贫攻坚进入倒计时，中共中央、国务院印发《关于打赢脱贫攻坚战三年行动的指导意见》，提出“五个一批”脱贫方式。江美社

* 本文初稿作者为北京印刷学院新闻传播学院2021级硕士研究生刘苏瑜，经指导教师韩生华审定。

积极响应号召，联合知名公益组织——南昌市崛美公益发展中心，共同启动“名著小书包”项目，为江西省乃至全国数万名乡村留守儿童提供经典文学名著，将优秀课外读物装进乡村留守儿童的书包里。

经过多年的不懈努力，“名著小书包”项目不断开花结果。2018 年，“名著小书包”项目以百强第五的成绩获“中国慈善公益项目大赛”铜奖。2019 年，入选“中国公益慈善项目大赛拾 U 工程”，荣获“全国出版发行集团品牌传播金案金奖”，荣获国务院扶贫办颁发的“社会组织扶贫 50 佳案例”，获得“江西省优秀网络扶贫创新案例”，同时成为“江西省希望工程”合作项目。2020 年，荣获“江西省最具影响力慈善项目奖”荣誉。2021 年，入选《中国新闻出版广电报》出版发行业年度创新 20 强，获得“江西省助力女性社会组织成长奖”。2022 年，获得“第五届伯鸿书香奖”最佳组织奖。同时，江美社“名著小书包”项目部于 2020 年、2021 年连续两年获得“江西省青年文明号创建集体”称号。

本文围绕“名著小书包”项目，讲述江美社用美术出版助力脱贫攻坚、积极履行社会责任的故事。

一次相遇：江美社与公益组织联手助力教育扶贫

自建社以来，江美社一直深耕于美育教育的土壤，并且取得了丰硕的成果。2002 年，江美社组织编写的九年义务教育中小学《美术》实验教材 1~9 年级全套 18 册通过了教育部审定，被列入教育部美术教材用书目录。这是江西省唯一一套独立开发、拥有自主知识产权、通过教育部审定的义务教育实验教材。

在长期深耕美术教材及艺术图书的出版过程中，江美社发现一个现象：有些乡村学校疏于对学生的美育教育，同时乡村学生也缺乏优秀的课外读物。

江美社多年来一直把社会责任、社会担当放在极其重要的位置，致力于社会公益事业。江美社认为有责任让成长中的乡村学生拥有全方位的受教育机会，但也在思考如何找到有创新、更长久的方式助力乡村脱贫攻坚任务的实现，为乡村留守儿童的健康成长创造更好的条件。

2018 年，一次偶然，江美社了解到南昌知名公益组织——南昌市崛美公益发展中心（以下简称“崛美公益”），其强大的项目策划能力与执行能力引起了江美社的关注。崛美公益所策划的公益项目涉及扶贫、助学、敬老、环保、救援等多个领域，尤其是他们一直关注空巢老人和青少年儿童生活。在为青少年、儿童成长助力的过程中，崛美公益也关注到了留守儿童阅读危机的问题。

志合者，不以山海为远。江美社被崛美公益多年如一日助力青少年成长的公益精神所打动，崛美公益赞赏江美社作为出版社主动履行社会责任的担当精神。因为关爱留守儿童成长这一共同梦想，江美社和崛美公益走到了一起。双方很快达成共识，形成战略合作关系，决定发挥各自所长共同推进一个公益项目，并且给项目起了一个很形象的名字——“名著小书包”。这是“出版 + 公益”的深度结合，江美社和崛美公益决定共同向乡村留守儿童传递温暖、快乐和希望。

一份责任：江美社投身“名著小书包”公益项目

在“名著小书包”公益项目中，由江美社全权负责“名著小书包”项目中定制版图书的策划、编辑、出版及后期的服务工作，崛美公益则负责项目的策划营销及推广工作。

江美社深知，出版企业生产的出版物是可能影响或改变读者一生的“精神产品”，需要特别用心，尤其是“名著小书包”的目标受众是乡村的孩子们，项目启动后将关乎数以万计乡村留守儿童的未来，更需要有高度的社会责任感。

为了让这个公益项目不流于形式，把好事办好，江美社于2018年底专门成立了“名著小书包”项目部，从定制版图书的策划、编辑、出版开始，到捐赠图书的发放、售后服务及后续的辅读工作等，都由这个项目部的专职人员全面负责，同时要求把每一个环节都做到精益求精、慎之又慎。

在书目的选择上，2018年初，江美社以教育部《义务教育语文新课程标准》为蓝本，经网络投票、征求意见，最后由教育专家论证、审定，在第23个“世界读书日”发布了“名著小书包”暂行推荐书目。这份书目精心挑选了60本古今中外经典名著，图书内容上从低到高、由浅入深分为五个版本，分别是小低版、小中版、小高版和初中版、高中版，每个阶段有12本，这些图书涵盖了文学、历史、地理、科普等各学科，可满足不同年级学生的各种需求。60本名著经典组成“家庭小书柜”，学生可实现随手阅读。

“读过一本好书，像交了一个益友。”江美社希望孩子们通过阅读这些名著长知识、阔视野、知礼节、明事理，同时养成读好书的习惯，并让这种习惯陪伴他们一生。

在江美社及崛美公益共同推动下，“名著小书包”公益项目得到了社会各界的广泛认可与积极参与，余秋雨、梁衡、蒙曼、曹文轩等一批文化名人给予高度赞扬，纷纷为该项目题词。

2019年，“名著小书包”公益项目实现再升级。为提高书目的针对性、专业性和权威性，江美社决定推出“名著小书包”定制版图书，为此江美社邀请陈东有、汪玉奇、彭春兰、朱法元、胡辛等一批文化名人、专家组成编委会进行反复论证，多次举办书目研讨会，在2018年暂行书目的基础上进行修正，最终形成了一份更加专业、更具权威性的书目。2019年5月9日下午，在江西省美术馆举办了“名著小书包”丛书书目发布会，与会领导和专家学者充分肯定了“名著小书包”公益项目对社会、对孩子的重大意义，对最终书目给予了高度评价，一致认为这份书目紧贴当下中小学生阅读需求，可读性强。

在这份书目中，小学低年级（1~2年级）段图书特别考虑了这个阶段孩子的阅读能力及学习特点。这个年龄段的孩子识字能力有限，要以激发他们的学习兴趣为主。书目特意精选了一些文字上带有拼音、配有精美插图的绘本书。在内容上首先考虑的是中华优秀传统文化的代表图书，如《中华成语故事》《声律启蒙》等。当然也有中外优秀经典童话名著《安徒生童话》《格林童话》等。这样一份书单不仅涵盖了中外优秀读物，还特别体现了中华民族优秀传统文化的精髓，给孩子们一个极好的文学启蒙读本。

在小学中年级（3~4年级）段图书的选择上，更多考虑这个年龄段孩子阅读的特点：因为识字量的增加，孩子对科学、历史等自然人文学科知识有了更强烈的探索欲。所以书目中有《少年儿童百科全书》《中国上下五千年》等，这些图书在内容上都是十分适合这个年龄段孩子阅读的经典读物。在表现形式上，还考虑到这个年龄段的孩子识字量有了很大提高，已不需要用注音来做辅助。这些图书的内容也较多，能更好地激发小读者阅读兴趣。而有的图书选择了纯文字版，是因为四年级向小学高年级段过渡，这个年龄段的孩子已有能力阅读含大量文字的图书了。

在小学高年级（5~6 年级）段书目的选择上，主要是希望让名著中的人物所蕴含的优秀品格来影响孩子，所以选择了《钢铁是怎样炼成的》《童年》等图书。同时考虑到小学语文知识的巩固和即将升入初中这方面的问题，故选择了《小学生必背古诗词》这本书。在表现形式上选择了纯文字版，在版式设计上做到简洁大方、疏密有致，便于这个年龄段的学生阅读。

初中阶段的书目选择了加强初中学生阅读能力培养的图书《骆驼祥子》《论语》等，满足这个年龄段学生的阅读需求，同时这些图书也是语文课程标准中所要求初中学生必须阅读的图书。

高中阶段的书目根据高中语文课程标准的要求，选择了《红楼梦》《古文观止》等，让所捐赠的图书真正对高中学生的语文学习起到很好帮助作用。

江美社希望收到“名著小书包”的孩子们都养成爱读书、读好书的习惯，在阅读中放松心情、享受快乐，在经典名著的熏陶下茁壮成长。

细节决定成败，品质决定未来。为了确保“名著小书包”丛书的质量和品位，江美社精心组织了一个高水平的团队共同打造该丛书。“名著小书包”经典阅读系列丛书采用的是全译本，编辑们翻阅很多资料，参考了多种已出版的权威版本，有的还邀请高校名师再译名篇名著。编校审读人员更是以严谨细致的专业作风，认真仔细地审校了每一本书稿，目的是让名著成为真正的经典名篇，成为值得收藏的图书，并经得起岁月的沉淀。丛书的装帧设计力邀曾荣获德国莱比锡“世界最美的书”金奖获得者——李瑾教授担任整套图书的设计顾问，由设计新秀伍子杰担任封面设计，多次获得国内外插画大奖的“老老老鱼”绘制封面插画。江美社希望这些精神食粮能伴随孩子们一生、影响他们一生。

“名著小书包”里的每一本书，都是江美社用心打造的精品。乡村孩子们在享受阅读的过程中，也能通过一个个图书细节感受到编辑们满满的用心和沉沉的爱意。

一次创新：研发自主阅读激励及辅读系统

在实施“名著小书包”的项目过程中，江美社意识到如何更好地让乡村孩子们爱读这些书并从中受益是一个难题。因为影响因素很多，而有些是江美社无法控制的。比如，名著可以送到偏远山区的学校，但那里师资力量薄弱，有的老师没有能力把名著的魅力以孩子们喜欢的方式充分解读出来。

面对这种困境，江美社决定给乡村教师提供一个“帮手”，在激发学生爱上阅读的同时，还能帮助老师更高效、更多元、更专业地解读名著，这不仅有利于学生走进“名著”的精彩世界，还会使“名著小书包”项目更具有可持续性并与其他图书捐赠的公益项目有所差异。

为了解决这一问题，江美社在“名著小书包”项目中启用了阅读激励及辅读系统。在与教育主管部门、捐赠实施学校等相关部门的紧密合作下，江美社把项目的推广和乡村学校课外阅读结合起来同步推进，建设了“名著小书包读书网”，组建“名著小书包读书会”，招募“名著小书包辅导员”，举办“名著小书包读书大赛”等，这些线上线下举办的一系列辅读活动，营造了浓厚的读书氛围，激发了孩子们的阅读兴趣。

江美社还开展了许多线下趣味阅读活动。比如，为激发孩子们的创造力，举办了“名著小书包徽章设计绘画大赛”。在参赛作品中，很多学生把从名著阅读中学到的知识或内容巧妙地融进了设计作品中。江美社定期举办手抄报大赛、征文大赛、故事大赛等，以赛代练的形式鼓励孩子们读好、用好名著。江美社给在这些大赛中获奖的学校和师生颁发证书和锦旗，举行表彰大会、成果展览等，将激励、交流、阅读相结合，最大限度地调动了学生阅读的主观能动性，让他们在一系列趣味活动中感受到阅读的魅力，爱上阅读、爱上名著。

“名著小书包”是一个长期、可持续的公益工程，江美社努力赋予这个项目持久的生命力，一直在探索这个项目的创新点和突破点。2021 年，江美社又在阅读激励及辅读系统的基础上研发出一种辅读新模式——“自主阅读激励系统”。这个系统可以让那些教育资源相对薄弱的偏远山村的孩子们也能通过互联网自行开展深度阅读。

用心、专心、爱心，江美社在实施“名著小书包”项目中认真履行着一家出版企业的社会责任。在这个过程中，江美社从未计较要付出更高的成本、投入更多的精力，只是用心做好每一次活动、专心开发让孩子们爱上阅读的产品，把出版人的爱心献给了乡村需要帮助的孩子们，以高度的社会责任感保质保量地为“名著小书包”提供优质的图书产品，努力让更多乡村孩子们收获知识、感受美，为孩子们打开了一扇扇通往“大世界”的窗。

“名著小书包”项目的标志是由七种颜色、像书一样的图形组成的一朵太阳花。这种花又叫向日葵，向阳而生，可以绽放在山坡荒野，可以成长在大江南北。江美社在履行社会责任、追求可持续发展的过程中实施的“名著小书包”项目，犹如播撒下的一颗颗太阳花种子，给千千万万的乡村娃娃们带去了希望和未来。

写作感言

我负责的江美社社会责任案例故事稿定稿后，关上电脑，我长长地呼了一口气。作为初稿作者，我思绪万千，感慨颇多。

一年前课题组召开的第一次会议仿佛就在昨天。这一年来，在老师们的带领下，我们团队一起参加社会责任的学术讲座，一起查阅相关的文献资料，一起讨论写作的策划方案，一起交流学习的心得体会。无论是在腾讯会议上，还是在微信群里，热烈的讨论、互相的鼓励，如今想来都历历在目。

江美社是我在课题组接到的第二个写作任务。第一次的写作经历让我对江美社的写作有了一些期待和自信。然而，一开始写我就遇到了难题，由于没有找到正确的切入点，交出的第一稿就被否定了。韩生华老师一遍遍带我梳理资料，一次次耐心启发我。教育公平是国家一直致力于解决的问题，而江美社开发的“名著小书包”公益项目，就是在推动教育公平的道路上交出的一份完美的答卷。

我出生在农村，也曾是一名留守儿童。在我的童年记忆里，名著晦涩难懂，我甚至不能理解“名著”二字的含义，揣在兜里的小人书更能引起我的兴趣。而江美社为了让农村的孩子们读懂名著，分年龄段挑选书目，把合适的书装进适龄儿童的小书包里，最大限度地激发他们的阅读兴趣。江美社发挥美术优势助力脱贫攻坚，打造“名著小书包”公益项目，从图书的策划、编辑、出版，再到捐赠图书的发放、售后服务及后续的辅读，每一个环节都精益求精，致力于让每一个乡村孩子因“名著小书包”而受益。他们的做法让我看到了朴素的奉献精神，也让我理解了出版企业履行社会责任的价值。

出版企业肩负着作为文化企业特有的社会责任和使命担当。江美社的“名著小书包”为乡村孩子们打开了一扇通往外面世界的窗户，这个意义不可谓不重大。我很高兴能通过这个机会学习和挖掘出版企业社会责任的内涵和意义。

另外，此次案例故事稿写作的过程也让我深刻认识到自己在写作方面存在的不足，多亏有老师的耐心启发和帮助，我终于慢慢“开窍”了。从最初的搜索素材到拟定写作框架、实施采访，到与韩生华老师多次讨论和沟通、几番修改，再到完成案例故事定稿，这个过程历时一年。确定选题、选择角度、理顺逻辑、落笔润色、起承转合等，每一步都让我明白写作能力的提升绝非一朝一夕、一蹴而就的事情，需要自己用心去琢磨，从一次又一次的实际写作中打磨自己的写作功底。老师总是告诫我们，只有在写作的过程中才能提高自己的写作能力。这次参加出版企业社会责任课题的研究，我的收获也绝非撰写了两篇文章，而是受益终生的思维启迪和写作训练。

最后，感谢出版企业社会责任课题组让我们收获了全方位的成长！也希望未来有更多的出版企业在践行社会责任的道路上做出更大贡献！

初稿作者：刘苏瑜

研究篇

有关出版企业的社会责任，学术界有十分深入系统的研究，包括企业社会责任的理论渊源、具体内涵，以及企业社会责任的评价体系、相关文化体系建设思考等，为出版企业履行社会责任增添了理论指导。

本部分收录的多篇新近和之前的学术文章，从不同视角出发，将出版企业践行社会责任过程中面临的典型问题进行了梳理，厘清了一些困惑、阐述了一些思考，为关心出版企业社会责任研究的读者在进行学术思考时打开了一扇窗。

出版单位社会责任的理论溯源、典型问题与履行路径*

摘　要　出版单位的社会责任有其特殊之处，其理论溯源、典型问题与履行路径都有待梳理，社会责任理论经历了由“思想萌芽”到“四种责任”的内涵深化、“利益”和“责任”两派由论战走向中和、在与古典主流经济学的争论中走向完善、总结出三阶段框架、多种观点逐步丰富、最终走向标准化发展之路。在区别社会效益和社会责任的基础上，本文发现了出版单位未将社会责任意识纳入企业文化建设中等典型问题，建议出版单位在唤醒并培养社会责任意识、树立双效统一的品牌形象、精细化把控多元内容、创新全渠道的营销模式、构建高效社会责任评价体系等方面，全面、系统、科学地履行社会责任。

关键词　治理理论　出版单位　社会责任

*　本文作者为北京印刷学院出版学院副教授宋嘉庚，经韩生华编辑修订。

一　研究的缘起

本文题目之所以这么长，是因为以下三个方面。

一是治理理论的学术影响力超乎想象。近年来，学术界对治理理论的关注已达到前所未有的程度，相关研究成果众多。例如，《网络信息内容生态的安全风险治理行动及其转型》《网络空间内容治理中政策工具的选择与运用逻辑》《新时代统一战线参与网络空间治理的现实逻辑和基本路径》《网络非技术风险及其安全治理》《网络公共舆论生态治理研究》等。众多学者表现出对治理理论的直接关注，也在尝试用治理理论去解释实践和指导实践。所以，本文从“治理理论”出发，去分析出版领域的社会责任现象和问题。

二是社会责任的共通意义空间尚未打通。所谓共通意义空间，其实是借用了传播学的概念，指传受双方在交往时需要有共同的语言和文字符号，还需要有相对接近的生活经验和文化背景。套用这一概念，结合对出版领域社会责任的观察后发现，无论是学术界还是产业界，都对出版单位的社会责任有着不同理解，出版单位社会责任的共通意义空间尚未打通，或者更准确地说，出版单位社会责任的内容、标准、评价都还在探索之中。曾有期刊单位把转型升级的工作内容归类为承担社会责任；有高校教师在申报课题时将社会责任和社会效益混为一谈；有社会责任第三方机构将其他领域的社会责任套用在出版单位上，效果不好；有行业协会拟定了社会责任评价体系，存在争议；还有出版业上市公司对社会责任报告的撰写和发布工作不够重视；等等。针对出版物作为特殊社会商品的特性、出版单位作为文化单位和企事业单位的特性、中国特色社会责任与社会效益的联系与区别，将社会责任、出版单位、出版物等概念层层叠加，产生了一个可以进行理论研讨和实践探索的空间——出版单位的社会责任，这个尚未打通的共通意义空间中有着众多理论矿藏和创新元素。

三是问题导向的研究范式有待巩固。所谓研究范式，是通过研究方法、论述方法、学术评价标准体现出来的学科范式。如果聚焦某一学科，如经济学，研究范式就是通过经济学研究方法、论述方法、学术评价标准体现出来的经济学范式。那么，出版单位社会责任的研究范式就要聚焦于出版学或者新闻传播学，又或者管理学、社会学等学科领域。本文认为：当一个学术问题尚未有明确的学科归属时，那就一定要坚持问题导向。党的二十大报告强调，要坚持人民至上、坚持自信自立、坚持守正创新、坚持问题导向、坚持系统观念、坚持胸怀天下。问题导向始终是推进经济社会发展的必然遵循，也是推进学术研究的逻辑起点。换言之，有了问题导向这个起点，借用哪个或者哪几个学科的研究范式，就要从问题实际出发。2021 年，在一个出版单位社会责任和社会效益的研讨会上，有专家认为，要借助制度经济学的研究方法，要量化；有专家提出，要借助管理学的观点，社会责任是企业管理的范畴，学科领域要严格控制在管理学之内。2022 年下半年，国务院学位委员会第三十七次会议审议通过了《研究生教育学科专业目录（2022 年）》，“出版”位列其中，在文学大类之下，“出版”编号 0553，意味着新时代的出版专业博士将会很快培养出来，出版学的进展将会加快。那么，是否分析出版单位社会责任问题就必须遵从出版学的研究范式？本文的观点是：聚焦问题，淡化学科。这样才能将出版单位社会责任这一具体问题剖析清楚。

正是基于以上三个方面，以治理主体出版单位为研究主体，主要是将原有的管理思维转换为治理思维，这表现为没有强调政府管理角色，而是将视野拓展至社会责任主体、理论、问题、完善思路，即将社会责任视为一个发展体系，将诸多元素作为基础分析，而不是将社会责任问题全部依托于或依赖于政府管理，这可能就是治理思维与管理思维的主要不同。下面将从理论溯源出发，聚焦核心问题，再探实践路径，希望这样的研究思路，能为出版单位的社会责任探索做出一些实实在在的贡献。

二　社会责任的理论溯源

社会责任理论的萌生和发展是具有划时代意义的，甚至可以说是重新定义了现代企业内涵的。这个理论从企业社会责任概念一步步发展丰富起来，从 20 世纪初英国学者谢尔顿（Sheldon）提出企业社会责任的概念，到 2001 年欧盟委员会发表《欧洲关于企业社会责任的基本条件》绿皮书，最终完成了从“一种期待”到“一套理论”的跨越。国外学术界逐渐形成了一套社会责任理论体系，包括“三重底线”理论、“四层金字塔”理论、“利益相关者”理论、“主要议题”理论以及“单一替代”理论等。社会责任领域内诸多理论的成形过程可以概括为以下七点。

（一）实现了由“思想萌芽”到“四种责任”的内涵深化

国外企业社会责任的起源与亚当·斯密（Adam Smith）“看不见的手”的思想有关。亚当·斯密认为，企业利益和社会利益是完全一致的。一个社会通过市场能够最好地确定其需求，如果企业依其能力对市场需求予以回应并得到回报，那么对这种回报的刻意追求就会给社会带来其所需要的一切。因此，市场作为“看不见的手”能够将自我利益转化为社会利益，即市场主体追求自己的利益就是在增进社会的利益，就是在对社会负责，因此两者是一致的。但社会的发展实践表明，这种思想只在特定情况下适用，或者说，这只是一种理论状况。

20 世纪 30 年代，国外学者切斯特·巴纳德（Chester I. Barnard）的《经理人员的职能》、卡拉克·史迪尔（Clark Still）的《企业社会控制》和西奥多·克雷普斯（Theodore Kreps）的《企业社会绩效的衡量》等著作中都体现了企业社会责任思想的萌芽。从 20 世纪 50 年代以商人为基础的社会责任思想，到 70 年代开明的利己主义思想，到 80 年代以卡罗尔（Carroll）的“金字塔形结构”为基础的企业社会绩效理论，再到90年代企业社会责任战略管理理论，都在一步步推动着社会责任理论的发展。其中，以弗里曼（Freeman）为代表的学者认为企业社会责任就是增进企业利益相关者的利益；卡罗尔最终提出了企业社会责任内涵涉及四个方面，即经济方面、法律方面、伦理方面和慈善方面。

（二）“利益”和“责任”两派由论战走向中和

1916 年美国经济学家卡拉克·史迪尔研究企业社会责任思想时提出了“有责任感的经济”的概念，指出经济责任意味着自力更生与自食其力，但随着科学与工业的进步，人们需要从狭隘的经济责任转向对环境等的社会责任，并不断扩大社会责任覆盖的群体范围。1924 年英国学者谢尔顿提出企业社会责任概念，认为企业社会责任应该同道德联系起来；他提出针对社会责任的管理要促进服务合作，以同时满足人们的物质需求与精神需求。但这与当时主流经济学的“股东利益最大化”相悖，关于企业社会责任理论的研究此时尚未进入大众视野。

直到 20 世纪 30 年代爆发了第一次关于企业社会责任的论战，美国法学界普遍认为，这次论战使企业社会责任引起人们的关注。1931 年，贝利（Bailey）发表论文称股东至高无上，认为企业唯一的目的在于为股东赚取利润。而多德（Dodd）则认为，企业是既有社会服务功能又有赢利功能的经济机构，“企业经营者的应有态度是形成自己对职工、消费者和社会大众的社会责任感”。不过此后，贝利和多德改变了原先的部分观点，并逐渐认同对方的观点。1954 年，贝利宣布多德的观点获胜，并且承认经营者既有经济动机又应承担社会责任。后来的企业发展也验证了多德观点的正确性。

此后，在 20 世纪 60 年代又发生了第二次论战，此次论战延续了第一次论战的结论，重点围绕“企业是否应当承担社会责任”展开讨论。主要论证人是贝利与曼恩（Mann），这一次贝利成为企业社会责任的积极倡导者。曼恩则批评了将企业经营者视为企业所有利益相关者的委托人的说法，他认为贝利不清楚为何经营者的职责是在企业利益相关者之间分配企业财富。曼恩则是坚信企业如果在竞争非常激烈的市场上从事各种不追求利润的活动，势必会影响企业出售产品等经济行为，从而对企业的生存产生重大影响。不过，随着社会的发展，曼恩的思想也逐渐发生了改变，他开始有条件地接受企业履行社会责任的观点。

（三）在与古典主流经济学的争论中走向完善

在这些争论的基础上，1953 年，霍华德 · 鲍恩（Howard R. Bowen）在《商人的社会责任》中首次定义企业社会责任，他认为“企业社会责任是指商人有责任与义务制定政策、做出决定、采取行动，以使整个社会的目标与价值得到更好的实现”。霍华德 · R. 鲍恩因此被称为“企业社会责任之父”。在霍华德 · R. 鲍恩之后，很多学者在其基础上进一步确定和完善了企业社会责任，其中具有代表性的是戴维斯（Davis），他提出“责任铁律”，即“企业的社会责任必须与企业的社会权力相称”，“权力越大，责任越大”。也就是说，随着企业权力的不断扩张，人们应该要求企业承担更多的社会责任，否则会导致大量的社会批评和社会压力，使企业丧失社会所赋予的权力。

这种社会责任理论挑战了古典的主流经济学理论，改变了人们对于管理者的思想认识，动摇了“利润最大化原则”的资本主义经济理论的根基。因此，企业社会责任思想受到了主流经济学家们的抨击，其中的代表人物哈耶克（Hayek）认为，企业唯一的目标是为股东赚取长期利润。如果将资金用于追求长期最大利润之外的方面，就会赋予企业危险的权力；履行社会责任可能造成企业把主要精力放在与“正确的目的”不相干的努力上，危及企业的生存。弗里德曼（Friedman）与哈耶克一样，认为企业履行社会责任对自由社会是一种损害，会扰乱既有的社会关系，从而造成秩序混乱。莱维特（Levitt）则将注意力集中在企业行为的动机上。与上述两位学者不同，莱维特担心的是企业承担社会责任可能会影响民主社会的多元化。

虽然有学者反对，但是支持企业社会责任的观点仍丰富多彩，因为在这段争论的时期中，环境问题引起了人们的重视，重工业企业造成的环境污染和自然破坏成为严重问题。如果说20世纪60年代中期前，企业社会责任主要指的是企业家个人的道德，那么60年代中期后，企业社会责任开始成为整个社会的现实问题。除此之外，70年代初期，制造业生产伪劣产品、物价上涨等问题也引起人们的关注。而中东战争引发的世界性石油危机更是导致石油价格上涨，企业的买贱卖贵、乘势涨价造成了物价的紊乱，这使人们重新注意到企业社会责任的重要性。关于企业社会责任的论证再次出现，对企业社会责任的研究也更趋多方面、多层次，逐渐形成今天相对完善的社会责任理论。

（四）企业社会责任研究总结出三阶段框架

卡罗尔把20世纪50年代作为现代企业社会责任研究的开端，他根据企业社会责任的研究结果，总结出企业社会责任研究共经历的三阶段框架：企业社会责任和企业社会响应框架—企业社会绩效框架—利益相关者框架。

1. 企业社会责任和企业社会响应框架

在这一时期，研究的焦点问题是社会需要企业做什么。研究的主要内容一是关于企业是否应当承担社会责任的争论；二是关于企业社会责任概念、类型、层次等的总结和概括。其中具有代表性的是卡罗尔于1979年提出的企业社会责任框架——四责任框架，他把企业社会责任划分为四种：经济责任、法律责任、伦理责任和自愿责任。

经济责任是企业的首要责任。其次，法律责任是社会制定了企业应遵循的法律和法规，社会希望企业在法律要求的框架内履行其经济使命。伦理责任是指企业在经济和法律之外还应承担一些社会责任。最后，自愿责任是对企业没有明确要求的责任，完全取决于企业个体的判断和选择，其不是法律要求的，更不是社会对企业的伦理期望。

1991年，卡罗尔把自愿责任进一步具体化为慈善责任，并将这四种责任从低到高排成“企业社会责任金字塔”。卡罗尔构建的企业社会责任金字塔模型（见图1）意义重大，为现代企业社会责任体系提供了重要的理论支撑，也为后来众多学者针对企业社会责任的研究提供了重要的模型框架。

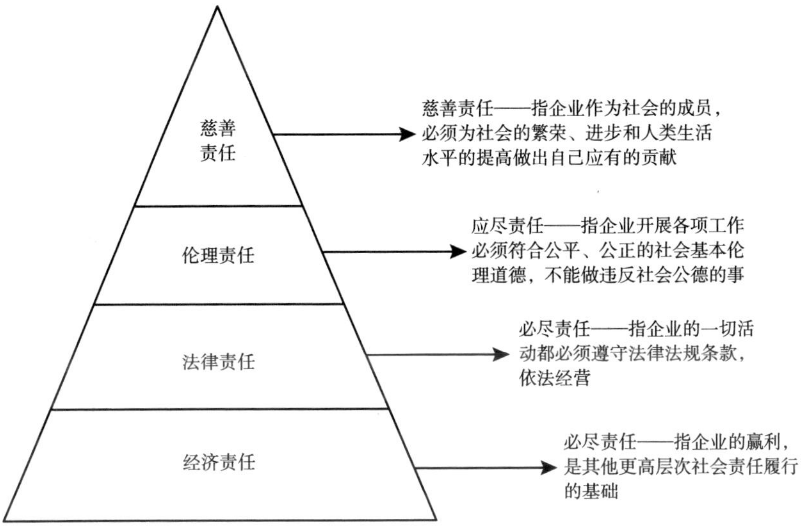

图 1　卡罗尔构建的企业社会责任金字塔模型

卡罗尔的另一贡献是社会响应的研究框架。这一研究聚焦的问题是企业应如何做才是履行社会责任。卡罗尔认为“企业社会响应是企业社会责任的另一表达用语，是行动导向的社会责任”，它与企业社会责任在本质上是一致的。与企业社会责任相比，企业社会响应最大的特点是企业视角和行动导向，试图把企业社会责任从抽象的理论落实到具体的实践中，不过这种尝试未获得成功，主要是因为实证研究不充分、未从企业角度出发。

2. 企业社会绩效框架

企业社会绩效框架试图把相对独立的企业社会责任和企业社会响应整合在一起。卡罗尔构建的企业社会绩效三维概念模型（见表 1），把企业社会责任类型、企业社会响应哲学和涉及的社会问题有效地整合在一起，产生了深远的影响。

表1　卡罗尔的企业社会绩效三维概念模型

企业社会责任类型	企业社会响应哲学	涉及的社会问题
自愿责任	反应	消费者保护主义
伦理责任	防御	环境
法律责任	适应	歧视
经济责任	前瞻	产品安全
		职业安全
		股东利益保障

值得注意的是，该框架下的实证研究发展得很快，但主要集中在企业社会绩效和企业财务绩效的关系上。几十年来，学者们对企业社会绩效和企业社会责任关系进行的研究结论不相一致：正相关、负相关、不相关、“U”形关系同时存在。因此，企业社会绩效框架虽然在不断完善，但仍然存在一定的问题，比如评价是站在企业立场，可观测到的结果也主要是来源于企业外部的利益相关者进行的评价而不是企业自身评价等。

3. 利益相关者框架

1965年，安索夫（Ansoff）在《公司战略》中正式使用了“利益相关者”来表示与企业有密切关系的人。他认为“要制定理想的企业目标，必须综合平衡考虑企业的诸多利益相关者之间相互冲突的索取权，他们可能包括管理人员、工人、股东、供应商以及顾客”。

1984年，弗里曼在《战略管理——利益相关者方法》中定义了利益相关者的概念，学术界一般把这本书的出版作为利益相关者理论正式产生的标志。他为利益相关者下的定义是：“利益相关者是指能够影响组织目标实现或受到组织目标实现过程影响的所有个体和群体。”利益相关者理论对帮助学者从概念、时间上识别和认定企业的“社会”义务发挥了重要作用，进一步丰富了企业社会责任的内涵。

（五）企业社会责任理论多种观点逐步丰富

在这一发展时期，很多支持企业社会责任的理论陆续问世，比如综合社会契约论、利益相关者观点中的工具性观点和规范性观点、利益平衡观等。

综合社会契约论由唐纳森（Donaldson）和邓斐（Dunfee）在 1994 年提出，是根据古典社会契约论研究得出的。企业与社会缔结了一个契约，社会为企业的存在提供条件，企业对社会承担责任，社会也对企业的发展承担责任。早期的社会契约论追求企业利润最大化，而主张现代企业社会契约理论的以唐纳森为代表，他认为企业追求利润最大化不会导致社会进步，反而可能会导致环境的退化、工作条件的恶化、对社会中特定团体的歧视及其他社会问题。企业有责任为社会和经济的改善而运作。

由利益相关者观点衍生出的工具性观点和规范性观点也是支持企业社会责任的。工具性观点的核心思想是：企业之所以要承担社会责任、关注利益相关者的利益要求，是因为这样做使企业变得有利可图。也就是说，企业忽视自身的社会责任和利益相关者的利益要求，实际上可能会危及自身的生存。比如，政府机构放宽有关划区的法令限制或进行退税，而另一些利益相关者则可能表示强烈反对。再比如，分销商由于需要重新规划分销渠道而联合抵制进货、社区由于减少就业机会而表示抗议等。总之，工具性观点认为企业承担社会责任，可以将其看作一种实现企业经营目的的手段。

规范性观点更注重伦理性。认为不论企业的经营状况如何，都有伦理性的社会责任，应对利益相关者的利益要求做出恰当的回应。它不再强调承担社会责任是一种实现企业经营目的的手段，而是超出对企业净成本的简单分析。比如，当一个公司考虑提供给顾客的货物是否安全时，所考虑的是消费者的合法权益。如果要从市场召回不太安全的产品，考虑的首先是消费者的安全，而不是花时间去计算这样做的成本有多大。

斯坦纳（Steiner）的利益平衡观认为，企业有义务平衡各利益集团之间的利益，企业的管理者就是各利益集团之间相互冲突的协调人。

（六）企业社会责任国际规范的标准化制定

进入21世纪后，随着全球化的不断深入，企业社会责任问题在全球范围内引起关注，一些区域性或全球性的组织机构开始研究企业社会责任的重要性和标准化。社会责任国际（SAI）1997年发布的责任认证标准（SA8000）是全球首个道德规范国际标准，其宗旨是确保供应商所供应的产品皆符合社会责任标准的要求。SA8000适用于世界各地、任何行业、不同规模的公司，它涉及劳工权利保护方面的社会责任内容，如工作时间、工作歧视、劳工年龄、身体健康等，为企业提供了社会责任规范。国际经济组织“经济合作与发展组织”（OECD）2001年对其1976年颁布的《跨国公司指南》进行重大修订，修订后的指南要求跨国公司在做出商业行为的同时还要承担对社会与环境的责任。国际标准化组织（ISO）2010年发布首个社会责任全球标准（ISO 26000）。该标准旨在对全球各种类型组织或企业的社会责任进行指导，帮助全球各种类型的组织或企业知晓社会责任的内容以及采取有效行动承担社会责任。

（七）我国企业社会责任理论的萌芽发展

随着卡罗尔企业社会责任金字塔模型的构建，众多学者以及部分组织机构尝试着对企业社会责任进行定义。尽管目前国内外学者针对企业社会责任的定义尚未统一，但通过对国内外有关企业社会责任定义的归纳与总结，本文发现，企业社会责任是一个动态发展演变、内容不断丰富与完善的概念体系。基于我国的时代背景，企业社会责任与“科学发展观”“和谐社会”“高质量发展”等理念密切相关，它要求企业在追求经济利益的同时必须承担对各类利益相关者（具体包括股东、债权人、员工、投资者、消费者、供应商、环境、社区、政府、社会团体、媒体等）的社会责任，以实现经济、社会与环境的和谐共生，推动整个社会的可持续发展。

国内研究企业社会责任仅有30年左右，且源于国外的研究。早期的研究主要分散在企业伦理学、劳动经济学、人力资源管理、法学、战略管理等领域中，直到近十年，企业社会责任才演变为一个专门的研究领域。

我国的企业社会责任研究逐渐走向特色型的实证研究，比如，2004年中国环境与发展研究所组织全国各地的研究人员进行专题研究，整理了我国在社会责任方面的政策，汇集了各地履行社会责任的典型企业案例。近年来，我国开始重视国际主流研究规范，为完善我国企业社会责任研究提供了良好的土壤。

总结上文，正是有了这样近一个世纪的发展辨析，如今才能达成共识。广义的社会责任指公民、企业和政府等对国家或社会公共利益方面应尽的责任和义务，是具有社会意义的责任。公民的社会责任除宪法法律规定的公民义务外，还有公民应尽的道德责任，如爱国守法、明礼诚信、敬业奉献等。政府的社会责任即为社会公众提供优质的社会服务，促进良好社会秩序的形成。企业的社会责任则是指企业在创造利润外，还应主动承担对员工、消费者、环境和社区等的社会责任，实现企业经济目标和社会目标的协调发展。

三　出版单位的社会效益和社会责任

在学界和业界有很多人把社会效益和社会责任这两个概念混为一谈，

尤其是针对出版单位的这两个方面，更是容易混淆。因此，将出版单位的社会效益和社会责任专门来谈，梳理明确这些最基础的概念，有利于使社会责任研究走向系统化、体系化。下面将按照出版单位的定位、出版单位的社会效益、出版单位的社会责任、出版单位社会效益和社会责任的不同与相同之处五个方面进行阐述。

一是出版单位是追求双效统一的现代化企业。出版单位是传播社会主义精神文明的重要阵地，必须坚持正确的出版导向，履行社会责任，追求社会效益。但出版单位也要追求经济效益，企业是一种营利性机构，其目标是创造利润。因此，在解释社会效益和社会责任的概念之前，有必要先对出版单位做一个定位。

关于出版单位是不是企业，有两种核心观点。一种观点认为，出版单位是事业单位，但要对其进行企业化管理。另一种观点则认为，出版单位属于企业单位。我国出版单位的性质在不同的历史时期，经历过事业单位和企业单位的几次转换，随着改革开放的不断深入，出版单位逐渐凸显其企业特性。现在的出版单位已经具备了现代企业的特征，属于企业单位。而且出版单位生产经营的出版物以传播知识为主，因此，出版单位也是文化企业。出版单位作为文化企业是国家文化的传播者，而且其发展战略和经营活动也关系到国家文化安全和民族文化的传承。各出版单位履行社会责任、追求社会效益是必须的，也是必要的。

二是出版单位社会效益概念与评价方法逐步明晰。在《图书出版单位社会效益评价考核试行办法》中，图书出版单位社会效益是指图书出版单位通过以图书为主的出版物和与出版相关的活动，对社会产生的价值和影响。《现代汉语词典》将“社会效益”定义为“各种经济活动及科学技术、教育、文学、艺术等在社会上产生的非经济性效果和利益”。这里所说的非经济性效果和利益，是指对社会、国家和广大人民有益。

通常意义上的出版单位社会效益是指出版单位的产品对社会所产生的影响。可以理解为：出版单位通过生产符合社会主义意识形态要求、体现社会主义核心价值、为经济社会发展提供思想保证和精神动力的出版物，在社会层面所产生的效果。出版单位的社会效益是由出版物的公共物品和准公共物品属性以及出版单位行为的外部性决定的，即出版经济活动给社会或他人带来的无偿福利。这种外部性也分为正负两方面，对社会或他人有益的就是正外部性，反之即负外部性。因此，在社会效益的量化指标中既要考虑正效益指标，也要考虑负效益指标，这也是设置社会效益评价考核体系中加分项和减分项的原因所在。

对于出版单位社会效益的评价指标，也就是具体应包括哪些内容，目前业界和学界存在分歧。一部分人认为出版单位社会效益不可量化评价，仅做定性评价；另一部分人认为出版单位社会效益是可以进行量化评价的，若仅用定性评价的方式来衡量，会使社会效益评价虚无化、简单化。

早在 1992 年，上海市新闻出版局就成立课题组，制定了“上海市新闻出版局图书质量评估制度”，对图书出版单位的社会效益设定了若干评价指标，用的就是量化评价的方式。根据行业管理要求，以及“体现出版导向”“体现行业管理”“体现宏观调控”的总原则，从出书结构、内容和装帧设计、编校质量、突出成果、违规出版 5 个方面设置了 10 项考核指标进行评价。具体来说，出书结构方面包括 4 项指标：重点书比例及完成情况、重印书比例及完成情况、业务范围内须确保比例的主要门类及完成情况、长期规划和特别任务图书完成情况。内容和装帧设计方面，依据新闻出版总署颁布的《图书质量管理规定》，考核包括出版物封面、扉页、插图、字体、字号等。编校质量主要考核出版物差错率是否达到规定的标准，并通过检查出版单位自查情况考核出版单位的管理制度。

在《我国文化产业发展效益效率评价及资金配置对策研究》[①]中，于泽从定性的角度确立企业的社会效益评价考核体系，认为出版单位作为文化企业，其社会效益评价考核体系包括一、二级指标，如表2所示。

表2　出版单位社会效益评价考核体系

一级指标	二级指标
知名度	企业获奖
	所在地区居民认知度
社会责任	职工满意度（幸福感）
	企业信誉度
	节能环保措施
	缴纳环保费（税）
	顾客满意度
	广告真实度
公益事业	公益活动次数
	捐助额度
产品（服务）辐射度	产品市场占有率
	服务区域范围
社会贡献度	新增职工人数
	应缴增值税
	校企合作项目（共建基地）数
	接收学生实习人次
示范效应	接待参观访问人次
	管理模式被参考次数
	各类会议上主题发言次数

① 于泽:《我国文化产业发展效益效率评价及资金配置对策研究》，博士学位论文，中国矿业大学，2014。

续表

一级指标	二级指标
企业形象	企业logo标识
	企业文化建设

注：社会责任与社会效益是两个概念，但是一个企业只有在履行社会责任的基础上，才能实现社会效益，因此社会责任也是评价社会效益的一项指标。

对于出版社社会效益，如果只用定性评价，很难客观公正地反映出真实情况，而且容易忽略掉一些影响出版社社会效益的关键因素。应将量化评价融入进去，形成质化和量化相结合的整体评价考核体系。[①] 王关义在《中国出版社绩效考核评价指标体系探讨》[②] 中，以定量分析为基础、定性分析为辅，设计出一套出版社绩效考核评价指标体系。这套体系中包含定量指标和评议指标，具体划分如表 3 所示。

表 3　出版社绩效考核评价指标体系

定量指标 （权重80%）	评议指标 （权重20%）
年增加值	品牌影响力
综合市场占有率	信用状况
获奖数量	安全生产状况
合法经营程度	参加社会公益活动情况
公益性出版物出版情况	
编校质量合格率	
再版率	
出口产品和服务比例	

① 本刊记者:《出版社社会效益量化评价中的几个关键问题》,《编辑之友》2016 年第 12 期。

② 王关义:《中国出版社绩效考核评价指标体系探讨》,《中国行政管理》2009 年第 5 期。

三是出版单位社会责任概念与评价方法逐步明晰。《社会责任指南》针对社会责任给出了较为全面的定义：组织通过透明和合乎道德的行为为其决策和活动对社会和环境的影响而承担的责任。[①] 根据卡罗尔的企业社会责任金字塔模型中的四个层次，出版单位履行社会责任可以理解为：出版单位在遵守国家法律法规的前提下，自愿对股东、员工、消费者、社区与环境等利益相关者承担经济、法律、伦理以及慈善责任，最终实现社会效益和经济效益相统一且社会福利最大化的行为。[②]具体来说，出版单位有三个要务。第一要务是承担经济和法律责任，即在法律范围内以赢利为目标，追求利润最大化。第二要务是承担伦理责任，出版单位作为文化企业，更应该遵循未规定为法律的社会道德观念与公众伦理。第三要务是承担慈善责任，发挥自身企业优势，造福社会，如向贫困地区捐赠图书等。

构建社会责任指标体系有着不同的框架模型，根据不同的逻辑框架和设计维度会有不同的社会责任指标体系。《出版企业社会责任指标体系的构建》[③] 一文中，顾永才按照一级指标（采用利益相关者维度）—二级指标（采用内容维度）—三级指标（采用作用属性维度）的思路构建了出版企业社会责任指标体系。将出版企业的利益相关者分为：政府、出资人（股东）、员工、读者、商业伙伴、社区和其他利益相关方。出版企业要基于利益相关者的期待承担具体的社会责任，出版企业社会责任指标体系如表 4 所示。

---

① 中华人民共和国国家质量监督检验检疫总局、中国国家标准化管理委员会：《社会责任指南》（GB/T 36000—2015）。

② 张雨晗：《试论出版企业社会效益与社会责任》，《中国出版》2011 年第 15 期。

③ 顾永才：《出版企业社会责任指标体系的构建》，《现代出版》2011 年第 5 期。

表 4　出版企业社会责任指标体系

一级指标	二级指标	三级指标
对政府的社会责任	导向正确	坚持把社会效益放在首位
		传播先进文化
		无政治问题，抵制“三俗”
		年度违纪违规次数
	出版物总体情况	符合办社宗旨和新闻出版总署核定的出书范围
		形成有影响力的图书品牌和特色板块
		完成国家级、省部级重点图书出版规划的情况
		年度出书品种
		图书再版重印率
		获奖比例
	出版物质量	出版物质量全面管理的保障机制
		图书编校质量合格率
		图书印装质量合格率
	文化创新	自主创新能力
		知识产权意识
	开拓国际市场	版权输出
		版权引进
		国际出版合作
		对外来文化的鉴别、选择、消化、创新
	诚信纳税	因偷税漏税而被处罚的次数
		缴纳税款的及时性
		年度纳税总额
		资产纳税率
		税款上缴率
	政策响应	未贯彻落实相关政策而受到处罚的次数
		参与制定相关政策的次数
		开展积极响应政府号召的社会公益活动的次数

续表

一级指标	二级指标	三级指标
对出资人（股东）的社会责任	成长性	资本保值增值率
		销售收入增长率
		图书单品种平均利润
	收益性	净资产收益率
		净利润增长率
		主营业务销售收入
	安全性	资产负债率
		资产流动性比率
		速动比率
	对出资人（股东）权利的尊重	治理结构完善，公平对待所有出资人（股东）
		信息披露及时、真实、完整
对员工的社会责任	劳资	与员工签订劳动合同的比例
		员工每日工作不超过8小时
		同工同酬状况
		拖欠劳动者的工资现象
		员工收入增长情况
		加薪制度
		员工薪酬满意度
		员工流失率
	生产安全	安全生产管理体系
		拥有固定办公场所和改善办公条件的情况
		企业千人工伤人数
		员工接受安全教育培训的次数
	职业健康	员工接受健康教育培训的比例
		员工进行健康体检的比例
		提供健康、安全的工作环境

续表

<table>
<tr><th>一级指标</th><th>二级指标</th><th>三级指标</th></tr>
<tr><td rowspan="16">对员工的社会责任</td><td rowspan="4">社会保障</td><td>按比例缴纳社会保障费用</td></tr>
<tr><td>是否降低标准、减少参保时间</td></tr>
<tr><td>没有歧视行为</td></tr>
<tr><td>是否发放节日礼品</td></tr>
<tr><td rowspan="5">工会组织</td><td>职工董事、职工监事选任制度</td></tr>
<tr><td>职工代表大会</td></tr>
<tr><td>支持工会依法开展工作</td></tr>
<tr><td>听取职工意见的情况</td></tr>
<tr><td>保障工会在民主管理、重大问题决策方面的权益</td></tr>
<tr><td rowspan="7">员工培训与发展</td><td>是否建立员工培训制度</td></tr>
<tr><td>员工年度培训比例</td></tr>
<tr><td>培训投入强度</td></tr>
<tr><td>编辑和发行人员获得职业资格证的比例</td></tr>
<tr><td>制定员工职业生涯发展规划</td></tr>
<tr><td>公平的升迁制度</td></tr>
<tr><td>关心职工生活，切实为职工排忧解难</td></tr>
<tr><td rowspan="6">对读者的社会责任</td><td rowspan="4">营销宣传</td><td>图书定价的合理性</td></tr>
<tr><td>读者购书渠道的便利性</td></tr>
<tr><td>提供完整、真实、准确的图书或服务信息</td></tr>
<tr><td>服务网络建设</td></tr>
<tr><td rowspan="2">售后服务</td><td>读者来信的处理情况</td></tr>
<tr><td>不合格图书的召回情况</td></tr>
<tr><td rowspan="6">对商业伙伴的社会责任</td><td rowspan="2">债权人</td><td>财务会计信息披露的真实性</td></tr>
<tr><td>财务稳健性</td></tr>
<tr><td rowspan="4">供应商</td><td>建立责任采购制度</td></tr>
<tr><td>要求供应商具备合法资质</td></tr>
<tr><td>实行了公平、透明的采购</td></tr>
<tr><td>采购合同履行率</td></tr>
</table>

续表

<table>
<tr><th>一级指标</th><th>二级指标</th><th>三级指标</th></tr>
<tr><td rowspan="7">对商业伙伴的社会责任</td><td rowspan="5">图书分销商、零售商</td><td>提供完整的出版物信息</td></tr>
<tr><td>折扣、账期合理</td></tr>
<tr><td>售后服务</td></tr>
<tr><td>正确鼓励负责任的图书分销商、零售商</td></tr>
<tr><td>妥善保管图书分销商、零售商的信息</td></tr>
<tr><td rowspan="2">同业竞争者</td><td>违反公平竞争规则的次数</td></tr>
<tr><td>共同塑造出良好的市场规则和氛围</td></tr>
<tr><td rowspan="3">对社区的社会责任</td><td rowspan="2">社区建设</td><td>支持社区发展</td></tr>
<tr><td>支持发展社区的文化教育事业和福利事业</td></tr>
<tr><td>社区公益</td><td>关心和赞助社区的慈善事业</td></tr>
<tr><td rowspan="9">对其他利益相关方的社会责任</td><td rowspan="5">社会公益</td><td>年度图书捐赠总额</td></tr>
<tr><td>捐赠金额占营业收入比例</td></tr>
<tr><td>扶助贫困学生和救济贫困人口</td></tr>
<tr><td>灾区救济</td></tr>
<tr><td>支持社会事业</td></tr>
<tr><td rowspan="4">环境保护</td><td>制定节约资源的规章和准则</td></tr>
<tr><td>低碳出版建设情况</td></tr>
<tr><td>选择符合环保标准并积极实施节能减排的印刷厂、纸厂作为合作伙伴</td></tr>
<tr><td>出版环境保护方面的图书品种</td></tr>
</table>

注：引用时有改动。

四是出版单位社会效益和社会责任的不同点。出版单位社会效益与社会责任的主体、客体及考核方式均有所不同。

首先，出版单位的社会效益是通过出版单位生产的产品实现的，即出版物；而社会责任是由出版单位来承担的。

其次，社会效益的客体不分主次，只有直接和间接之分，可以理解为消费者和社会两个层面。社会责任的客体即利益相关者，更加具体，主要、直接的利益相关者包括投资者、员工、消费者和产业链上下游合作者等；次要、间接的利益相关者包括社区、政府、环境等。通俗地讲，社会效益要满足的是社会大众日益增长的物质文化需求，而社会责任要满足的是利益相关者的需求。

最后，考核方式有所不同。以 2004 年开始实施的《上海市出版社社会效益评估方法》为例，社会效益的评估主要包括以下 10 项指标：重点书比例及完成情况、重印书比例及完成情况、业务范围内须确保比例的主要门类完成情况、长期规划和特别任务图书完成情况、图书内容评估、图书装帧设计评估、编校质量检查、编校质量制度考评、突出成果和违规出版。社会责任的评估方法有声誉指数法、内容分析法、公司慈善法和 KLD 指数法等。美国经济优先权认可机构委员会制定了新的国际管理体系认证标准，规定企业必须承担对社会和利益相关者的责任，对工作环境、员工健康与安全、工会权利等具体问题制定了最低要求，这是第一个可用于第三方认证机构审核的社会责任认证标准，已在欧美国家强制推行。①

五是出版单位社会效益和社会责任的共同点。社会效益和社会责任虽然是两种不同的概念，但也有相契合的共同点。

首先，二者的目标是一致的，都是实现出版单位的可持续发展。因为出版单位只有履行了自己的社会责任，才能实现其社会效益。内涵有重合之处。社会效益主要是指出版单位的出版活动与产品对其外部的影响，而

① 《上海：实行社会效益评估 探索出版管理新机制》，中国图书出版网，2006 年 10 月 27 日，https://www.bkpcn.com/Web/ArticleShow.aspx?artid=060648&cateid=A02。

社会责任则兼具对其内部与外部的影响。此外，出版单位社会责任的三大要务也涵盖了一定的社会效益。比如第一要务——承担经济和法律责任，出版单位出版的优质、市场占有率高的出版物大都是社会效益与经济效益二者俱佳的。再比如第二要务——承担伦理责任，它体现在出版单位为社会提供一些成本高但社会效益也高的出版物，像一些经济效益差的出版物，如学术著作、古籍，都具有很高的社会效益。

其次，实现机制相似。我国新修订的《出版管理条例》第四条明确规定："从事出版活动，应当将社会效益放在首位，实现社会效益与经济效益相结合。"[①]出版单位作为文化企业更应重视社会效益，作为一种内在的激励机制，社会效益也已经成为出版单位之间达成共识的一种出版精神。我国《公司法》也有相关规定，要求公司从事经营活动，必须遵守法律，承担社会责任。法律和道德是约束出版单位承担社会责任、追求社会效益的两种力量，而外部监督与内部监督则是其推动机制。或是出于自身的意识，或是出于监督和压力，多数出版单位已形成了承担社会责任、追求社会效益的自觉。

社会效益与社会责任虽然有着不同的理论基础和特点，但是对于出版单位而言，两者同样重要。而且社会效益与社会责任双方的目标一致，内涵也有重合之处，最终也可能会走向结合，成为各出版单位特有的责任要求。正确认识出版单位的社会效益与社会责任，厘清二者之间的关系和异同，也是各出版单位在现代社会和市场竞争中实现社会效益与经济效益、社会与企业双赢的前提。

---

① 《出版管理条例》，中国政府网，2020 年 12 月 26 日，http://www.gov.cn/zhengce/2020-12/26/content_5574253.htm。

四　我国出版单位履行社会责任的典型问题

习近平总书记对企业履行社会责任提出过很多重要论述。在网络安全与信息化工作座谈会上指出要“增强互联网企业的使命感、责任感”。[①]对广大非公经济人士提出要“致富思源，义利兼顾，自觉履行社会责任”。[②]与企业家座谈时提出“企业既有经济责任、法律责任，也有社会责任、道德责任”，[③]强调了企业和个人履行社会责任的重要性。2022年初，国务院国资委成立了社会责任局，重点围绕推进实现“双碳”目标、安全环保及践行ESG理念开展工作。聚焦于出版单位履行社会责任的典型问题，其大致可以分为以下八类。

一是出版单位未将社会责任意识纳入企业文化建设中。企业文化主要是企业所有者为了适应业务战略所设计出的人力资源管控体系之中的核心部分。浏览大多数国内出版单位官网，几乎很少有出版单位在简介中很重视地提及企业文化内容，大多数只是简单地介绍出版单位所出版的图书类目有哪些，通常也只是以喊口号的形式呈现其企业文化。有极少数写明了与社会责任相关的内容，但并未写清相关的社会责任在出版单位企业文化建设中是如何规定的。例如，有些出版单位的企业文化仅仅采用诸如“团结、奋进、向上”之类的毫无企业辨识度的空口号，更没有将社会责任与

---

① 《互联网平台企业的社会责任治理》，新华网，2018年3月27日，http://www.xinhuanet.com/zgjx/2018-03/27/c_137068641.htm。

② 《企业履行社会责任应注意三个问题》，新华网，2017年5月2日，http://www.xinhuanet.com/politics/2017-05/02/c_1120903893.htm。

③ 《保护合法致富　鼓励回报社会》，央视网，2021年10月18日，http://news.cctv.com/2021/10/18/ARTI0XSYcqOJyRVdtEsaeeXQ211018.shtml。

文化担当纳入企业文化建设。造成这一问题的主要原因是：部分出版单位将经济效益看得比社会效益更重要，所以在塑造企业文化时，更多的出版单位的口号重心是“员工如何齐心协力建设更完美的出版单位”，而不是“该出版单位是如何对环境、消费者、社会做出贡献的”。我国出版单位将社会责任纳入企业文化建设中，这一任务艰巨而紧迫。

二是出版单位员工缺少社会责任意识培训。在我国就业形势下，出版单位招聘时招的并不都是编辑、出版专业的人员，还有部分是专业不对口的人员。造成这一问题的主要原因是：我国出版单位虽然经常组织编辑、校对业务知识的进修课程与考试，但极少有涉及出版单位社会责任和文化担当意识的培训。很多出版单位重业务知识培训而轻社会责任和文化担当意识培训，在新员工入职培训中，缺乏对员工职业素养、职业道德、职业荣誉感的教育。

三是出版单位履行社会责任时受经济效益的制约。我国有些出版单位因为受到外部经济效益的制约，不得不出版一些迎合受众、品位不太高的图书来竞争市场，从而更加削弱了其社会责任感。造成这一问题的主要原因是：某些图书的内容虽然专业、含金量高，但是过于垂类化，受众范围太小，这类图书一旦度过新书期便迎来销售瓶颈阶段。小众专业图书对应的受众购买完后很难发散到其他大众群体中去。

四是出版单位对社会责任的认知仍处于表面。我国出版单位尚未全面树立履行社会责任的理念，未在思想内容上担负起相应的社会责任，并且在履行社会责任过程中未做到认真仔细、尽心尽力。从已有的出版单位社会责任报告中可以看出，出版单位对于社会责任的认知仍处于表面。例如，某出版集团在其 2012 年与 2013 年的社会责任报告中，虽然广泛提到了其在股东利益保障、员工权益保障、环境保护等方面履行的责任，但基本上都是一笔带过，没有实质性的数据与事实支撑。此外，某出版集团发布的 2010 年、2011 年、2012 年三年的报告明显采用同一个模板，内容重复率相当高，甚至出现了页码编排的错误，这些现象难免给人一种敷衍了事的感觉。造成这一问题的主要原因是：出版单位中的管理人员和员工未高度重视出版单位应该承担起的社会责任，没有专业人员深入探究出版单位应该承担怎样的社会责任，出版单位自上而下地忽视了社会责任的内核要求，没有做实证研究和数据统计，只是在泛泛而谈，缺乏深度。

五是出版单位社会责任内容尚未明确。我国出版单位社会责任内容通常以一种宏观的视角去规定，例如，出版单位应该主动承担政治舆论引导、社会文化建设、美好品德宣扬等责任。因而和其他行业的单位相比，出版单位的社会责任内容更为抽象、模糊、宽泛。造成这一问题的主要原因是：出版行业具有自身的特殊性、传播的广泛性，其所生产的产品内容将对人们的思想、观念和社会行为产生深刻的影响，所以，出版单位在营造社会良好氛围及风气上可以起到很大的作用，但是目前并没有很明确的规定来细化其社会责任内容，使得目前的出版单位社会责任内容不够具体。

六是出版单位的社会责任报告缺乏客观性。每年我国一些出版单位尤其是出版业上市公司在证监会的要求下都会发布社会责任报告，但已发布的社会责任报告大多没有第三方独立的鉴证。这一表现恰恰说明出版单位社会责任报告的规范性有提升空间，缺乏客观性的陈述也表明出版单位在履行社会责任时存在缺点与不足。造成这一问题的主要原因是：对社会责任报告的发布工作未做到严谨、规范，根本在于对履行社会责任不够重视。在出版单位编制的社会责任报告中，社会科学文献出版社曾邀请中国社会科学院经济学部企业社会责任研究中心对报告进行审验并出具了声明。有类似行为的出版单位在出版行业还相对较少。

七是出版单位未设立专门的社会责任相关部门。现行的对图书出版单位的考核主要集中于图书质量、完成出版规划情况、遵守国家法规情况等方面，更多关注的是出版单位自身的状况。我国很少有出版单位设立专门的社会责任相关部门，而这种部门能使一个出版单位在一定的组织和规划下有保障地履行社会责任。造成这一问题的主要原因是：我国出版单位并没有将社会责任履行意识融入其整体治理与经营管理中，出版单位把利润作为最主要目标的传统理念并未改变，在生产过程中对人的价值的关注不足，对环境、消费者、社会的贡献强调得还不够。

八是出版单位对履行社会责任工作缺乏反思。从出版单位的社会责任报告中可看出，我国大多数出版单位只陈述了为社会做出的贡献及良好的一面，但未提及在履行社会责任中的缺点和需要改进的方面及展望。造成这一问题的主要原因是：出版单位在披露社会责任信息时，会选择性地披露出优秀的一面来展示自身的良好风范，但是出版单位如果这样长期地宣扬自身的优点而刻意回避不足，也会导致在未来的发展中逐渐地更难发现自身存在的缺点及问题。

五　我国出版单位履行社会责任的参考路径

唤醒社会责任意识是第一要务。多数出版单位在履行社会责任的初始，并不自觉培养内在的社会责任意识，对其所要履行的责任意义与内涵认知不清，缺乏积极性、主动性，导致需要极其明确的量化指标评测作为指导，完成象征性的社会责任评测工作。如此一来，就会有标准不定、社会责任不清的种种疑惑。虽然各出版单位有各自专精的领域和主攻市场，但是出版产品作用于人民大众却都是为了传播知识文化、塑造意识形态与价值观念。出版物的物质与精神的统一性也明确了出版单位肩负着教化民众的重要社会责任，就这些方面来说，清醒认识社会责任是非常必要的。

重视培养社会责任意识的两个层面。首要层面是针对行业的宣传学习，也就是之前所提到的问题导向，明确社会责任的重要性，不论什么样的出版单位，只要是面向广大人民群众的，都要肩负起正向引导的社会责任。只有具备对应的学习教育宣传机制才能确保规范化的认知学习。有别于针对出版行业从业人员的培训方法，出版单位应时时关注出版行业发展的方针政策，对外积极接纳社会反馈。

次要层面就是出版单位从业人员的素质在很大程度上影响了出版单位对社会责任的承担，在出版单位招收的各种人才当中，即使是参与出版物制作的编辑、校对人员，也有很多并未具备相应的社会责任意识。究其原因是出版单位招收了专业不对口的员工，虽然他们能短时间内通过基础培训获得适配岗位的编校技能，但是人文素养和编辑特有的责任意识并不能同时获得，由此导致许多出版单位基础层面上的社会责任意识缺失严重，所以对其他专业背景的从业人员除了资格考试以外，社会责任的教育与学习也是非常重要的。

树立双效统一的品牌形象。正如现代营销学专家菲利普·科特勒（Philip Kotler）的学说所给予我们的启示：企业通过承担社会责任，树立起品牌形象，增加产品和服务对于消费者的吸引力，这对企业来说是一笔无形的品牌资产，也会因此获得丰厚的效益。① 这也无疑是对双效统一的完美诠释，长期以来，出版单位因为盲目追逐经济效益而无法兼顾社会效

---

① 《促进共同富裕　勇担社会责任　是现代企业的应有之义》，“人民资讯”百家号，2021年9月6日，https://baijiahao.baidu.com/s?id=1710199738615471230&wfr=spider&for=pc。

益，间接导致出版单位在承担社会责任的位置上一直处于半缺席状态，寻找这二者的平衡点也成为出版单位的目标。

精细化把控多元内容。出版单位在完成转企改制之后，又经历了全面的数字化转型，新兴技术的不断应用，越来越细分的用户群体，意味着出版单位对内容的供给必须更加贴合需求，呈现更加多元。对内容生产审核要更加精准，社会责任此刻显得更为重要。所以，在此基础上能够实现技术应用、内容创新、吸纳反馈，就能进一步在消费者及广大受众中树立品牌形象。

创新全渠道的营销模式。以青岛出版社为例，2021 年青岛出版社的爆款新书《了不起的中国军事》就是全流程、全渠道营销的成功尝试。营销项目组参与图书从选题到销售的全流程，统筹线上线下营销渠道资源，以标准化的营销物料和价格策略搭建了集公众号、社群、短视频、线上线下活动于一体的营销矩阵，该书上架不到半年已经售出 3 万套。此外该社还计划以《了不起的中国军事》为起点进行品牌建设与作家经营，推动自身的整体发展。①《了不起的中国军事》一书在正面宣传我国军事形象方面起到了积极作用，出版社在承担社会责任时关注多条营销宣传渠道，不仅可以提高出版产品的销量，而且可以更加广泛地传达正面的社会价值。

构建高效社会责任评价体系。社会责任评价体系的构建，一定不是建立在“自行理解、自行实施”基础上的效益评价工作。以往的针对选题报备、出版物内容质量、从业人员资格等的考核，并不等同于出版单位社会责任的考核指标，做好本职出版工作就算完成社会责任考核的理念早该摈弃，这也表明了一些出版单位并未认真遵从以往政府指导下的出版方针政

① 张大伟、刘文斌:《深度融合与聚势赋能：出版业高质量发展的双效统一》,《编辑学刊》2022 年第 1 期。

策，也从侧面反映出其部分指导方向不够明确。构建新的社会责任评价体系首先要明确评价目标，即出版单位所应承担的社会责任，其中包括出版单位的社会责任报告所体现的可持续发展性。

构建出版单位的社会责任评价体系主要从三个维度入手。首先，要符合行业特性，确保社会责任评价体系充分适用于出版行业，并且依据行业的发展情况以及发展趋势来完善社会责任评价体系。要针对不同类别的出版单位采取不同的评价手段，对于出版单位主营业务的出版产品进行采样和社会反馈分析是必要的，尤其是对受众群体的回访调查。其次，针对从业人员的培训，这一维度希望能较好地收集统计从业人员的资格考试情况、负责出版产品的合格率，以及社会责任宣传教育的学习情况。最后，制定合格标准，以此标准提升企业发展水平。尤其是推广社会责任评价指标之后，评价体系与出版工作的进行一定会存在或多或少的“排异反应”，这实质上是因为以往出版单位对所承担的社会责任认知不清晰，出版单位的领导层也未能做出较好的引导，导致整体对于履行社会责任的工作模棱两可。而在社会责任评价体系应用推广过程当中，针对以上出现的问题，首要的解决方法就是完善政策部署、加强法律监督，具体政策是国家对客体可持续发展调控的工具，法律是被调节客体实现可持续发展的重要保障，借此整个社会责任评价体系得以逐步完善。

本研究从治理角度出发，归纳梳理了若干方面，以期为出版单位履行社会责任提供多角度、可参考的实践路径，希望可以帮助出版单位转变传统思维方式，全面、系统、科学地履行社会责任。

企业社会责任：概念演变及英国传媒企业的发展观察*

摘　要　伴随着社会的进步和企业的发展，企业社会责任的概念也在与时俱进地演变，其内涵不断得到更新和扩充。本文从企业社会责任的概念入手，介绍了其发展历程、内涵以及相关研究等，并通过对英国传媒企业社会责任的探讨，促进国内企业社会责任的研究与发展。

关键词　企业社会责任　隐性企业社会责任　企业社会责任调查

企业社会责任（CSR）是一个老生常谈的话题，学者对于企业社会责任的研究一直处于动态变化中，不同主体对于企业社会责任的感知和理解存在差异性和不确定性。从企业经营者 / 管理者的角度看，需要从顶层的视角去规划和行动；而从普通公众的角度出发，企业社会责任意味着企业

*　本文作者为北京印刷学院新闻传播学院讲师唐钰龙，经韩生华编辑修订。

除了保障自身经济利益外，还需要承担起促进社会健康有序发展的责任。公众随着自身修养的提高，对企业所承担的社会责任有了更高期待，不仅期待企业进行传统的慈善捐赠等行为，还期望企业在推动社会健康有序发展过程中发挥更具建设性的作用。

一 企业社会责任概念

企业社会责任这一概念起源于西方语境，随着现代企业的组织形式逐渐完善，企业社会责任呼之欲出，伴随着社会的进步和企业的发展，企业社会责任的概念在与时俱进地演变，其内涵不断得到更新和扩充。本文第一部分主要从历史的视角出发，梳理西方语境下企业社会责任概念的发展演变。国外对于企业社会责任的研究比较成熟，也已形成较为完善的企业社会责任实践。英国传媒行业较为发达，形成了具有规模的传媒矩阵；同时，英国传媒企业在世界传媒领域内影响力较大，以行业自律和行业管理为主。因此，本文第二部分主要聚焦英国传媒企业社会责任，通过对相关调查数据的解读，介绍西方传媒企业社会责任，这对国内传媒企业社会责任的发展具有一定的借鉴意义。

对于企业社会责任这一概念，不同学者有不同的解读与定义，不同学科对其理解也不尽相同。企业社会责任有时也会被泛称为企业责任（CR），具有悠久的历史和丰富的内涵，发展至今已焕发出新的生机。对于企业社会责任概念发展演变的梳理，对进一步认知企业社会责任大有裨益。

（一）企业社会责任概念的发展历程

企业社会责任概念是在二战后逐渐走向成熟的。在此期间，企业的合法性得到了确立，一场期望值不断提高的革命开始影响到企业。20世纪50年代，一些最初的公共讨论引起了公众的兴趣，促使企业承担对股东之外的责任。20世纪60年代，公民权利、环境、消费者和妇女四个涉及企业的公共话题正式成为社会运动的早期议题，这些主题领域中的每一个都与其他主题领域息息相关，因为它们涉及企业除向股东提供投资回报之外，还要回应公众的期望。20世纪70年代初，企业社会责任开始逐步兴起，其中几个主题领域转变为法律指令。

（二）企业社会责任内涵

企业社会责任背后的内涵由来已久，直到20世纪初，企业社会责任这一概念才与美国的商业组织联系起来。由于企业社会责任的研究和实践处于可持续发展的道路上，世界各地越来越多的研究人员和从业人员正在使用核心概念，并努力在其概念化以及与相互关联的框架、主题和变量的关系与实践中提供创新成果。

企业社会责任在消费者、员工和其他利益相关群体中的受欢迎程度在许多研究中有所体现。由美国家庭人寿保险公司（AFLAC）发起的第二次年度企业社会责任调查中的几个发现支持了这种流行说法，美国家庭人寿保险公司是保险销售领域的领导者，2016年，其发起的企业社会责任调查揭示了以下情况：75%的消费者可能会对不负责任的公司采取一些负面行动，包括在社交媒体发帖、持续抵制这些公司等，不负责任的公司可能会失去多达39%的潜在客户群，1/4的消费者会告诉他们的朋友和家人避开这些公司；83%的专业投资者更倾向于投资以企业社会责任著称的公司的股票，他们将较好履行企业社会责任视为更高透明度和诚信的标志，从而降低风险。

正如许多其他社会科学领域的概念一样，企业社会责任概念没有单一的定义或范式。[①]对于其一些经典的和最新的观点，包括考虑构成企业社会责任结构的维度，竞争和互补的框架已经出现，其中许多框架与企业社会责任的核心属性和原则有大量重叠，但侧重点有所不同。这些替代概念包括企业公民、可持续发展、利益相关者管理、商业道德、有意识的资本主义、创造共享价值和目标驱动的企业。

（三）企业社会责任的相关研究

对企业社会责任的研究主要聚焦在探索以不同方式定义的企业社会责任与其他相关变量之间的关系上。例如，企业社会责任和企业财务绩效（CFP）之间的关系[②]一直是不间断研究的主题。企业社会责任在新兴经济体中的适用性是一个可持续探索的话题。在实践方面，企业在社会问题解决上的行动越来越频繁，可持续发展和气候变化似乎成为普遍的关注重点。简单地说，企业社会责任缺失可以被视为位于连续体的一端，而企业社会责任则位于另一端。在这样的解释中，企业社会责任缺失将包括非法的、也许勉强合法但严重不可持续的或不道德的企业活动。企业社会责任缺失是否会形成自己独特的结构还有待观察，因为研究人员提出了不同的定义、特征和测量方法。

公司不仅指企业组织的公司形式，而且已经发展到包括所有企业。当今社会更加关注大型组织，因为它们非常显眼。然而，较小的企业也被参

---

① 徐尚昆、杨汝岱:《企业社会责任概念范畴的归纳性分析》,《中国工业经济》2007年第5期。

② 李茜、熊杰、黄晗:《企业社会责任缺失对财务绩效的影响研究》,《管理学报》2018年第2期。

考和包括在内。几十年来，企业社会责任的概念和定义有很多种。如果把对企业社会责任的考虑限制在大约从 20 世纪 50 年代开始的时期，我们就可以看到过去半个世纪或更久以来发生的变化。霍华德·R. 鲍恩（Howard R. Bowen）在他 1953 年的里程碑式的著作《商人的社会责任》中开了个头。鲍恩对社会责任的定义如下："它是指商人有义务推行那些政策、做出那些决定，或遵循那些就我们社会的目标和价值而言是可取的行动方针。"[①] 尽管许多人认为他的观点很吸引人，但商界人士和学术界人士并没有完全被他的观点说服。1958 年，哈佛商学院公认的学者西奥多·莱维特（Theodore Levitt）撰写了一篇论文，其中他指出了"社会责任的危险"。莱维特强调企业的首要目标是长期利润最大化，他认为政府应该关注一般福利，这样企业才能解决福利等物质方面的问题。[②]

企业社会责任的反对者还有著名经济学家 R. 爱德华·弗里曼（R. Edward Freeman）等，他们认为社会问题不是商人应该关心的问题，而是应该由自由市场体系的自由运作来解决。[③]

在 20 世纪 60 年代，一些作家热情地倡导企业社会责任，关于这一主题的文献开始增多。对这一概念的早期关注聚焦于是否应该强调责任或问责制，或者是否应该强调公司行动。阿克曼（Ackermann）和鲍尔（Ball）是最先提出这种问题的人之一。他们认为"社会责任"的表述过于强调动机而不是表现。他们继续认为"社会响应"是一个更好的取向。企业社会

① H. R. Bowen, *Social Responsibilities of the Businessman*（University of Lowa Press, 2013）.

② T. Levitt, "The Dangers of Social Responsibility," *Harvard Business Review* 36,5 (1958): 41–50.

③ R. E. Freeman, J. Liedtka, "Corporate Social Responsibility: A Critical Approach, " *Business Horizons* 34 ,4 (1991): 92–99.

责任的定义在20世纪70年代到80年代激增。

几十年来，人们已经提出了几十种不同的企业社会责任定义和概念。例如，在一项主要研究中，亚历山大·达尔斯拉德（Alexander Dahlsrud）确定并分析了企业社会责任的37种不同定义。达尔斯拉德的研究指出，尽管发现的大多数定义有很多共同点，但确定企业社会责任的确切含义十分困难。通过对1980年至2003年间公布的企业社会责任定义的内容分析，达尔斯拉德发现以下是定义中最常见的属性：利益相关者、社会、经济、自愿和环境。①

一个有趣的观察结果是，排名靠前属性中的大多数反映了一些活动，任何偏离都可能构成不负责任，排名较低的是自愿活动。这一发现表明，健全的商业惯例必须是任何希望承担社会责任的公司的基础。根据卡罗尔（Carroll）对企业社会责任的四个部分的定义，这五个属性更多地属于法律和伦理责任的范畴，而不是慈善责任。目前，许多企业宣传它们的慈善活动是作为企业社会责任的一个侧面，而不是这五个属性。简而言之，对公众而言，安全的产品和工作场所、清洁的环境、合法合规和诚实比企业用来宣传其社会责任的众多赠品计划更为重要。尽管如此，许多观察家仍然认为企业社会责任是具有道德合理性或自由裁量、自愿（如慈善）性质的活动。

（四）隐性企业社会责任

对企业社会责任定义的历史性梳理可以看出其概念存在多元性和发

① A. Dahlsrud, "How Corporate Social Responsibility is Defined: An Analysis of 37 Definitions," *Corporate Social Responsibility and Environmental Management* 15, 1(2008): 1–13.

展性，到目前为止，并没有一个统一的定义，不同的主体对于企业社会责任的理解并不一致，对于企业社会责任关注的侧重点也不尽相同。以上关于企业社会责任的讨论大多与美国的使用和应用有关。虽然学者们早就认识到企业社会责任在世界不同地区可能有所不同，但这些差异并没有成为一个经常讨论的问题，直到德克·马腾（Durk Matten）和杰瑞米·穆恩（Jeremy Moon）区分了“隐性”和“显性”企业社会责任。他们认为，企业社会责任因具体国情而异。因此，企业社会责任在美国更加“明确”，通常由自愿的、自我利益驱动的政策、计划和战略组成，这是美国对企业社会责任的典型理解。

相比之下，隐性企业社会责任涵盖了一个国家的正式和非正式机构的整体，这些机构为企业分配了商定的社会责任份额。在欧洲和其他地区的一些国家，隐性企业社会责任包含了当地文化中显而易见的价值观、规范和规则。因此，企业社会责任在欧洲被更含蓄地理解和接受，因为与美国相比，它更是它们文化机构尤其是政府的一部分。

在欧洲和其他地区的一些国家，企业社会责任的特定方面或多或少是由政府等颁布或强制实施的，而在美国，企业社会责任被认为是更加自愿的、自主的，并且经常表现为对来自特殊利益集团压力的回应，或者是因为管理哲学、政策或战略而被采纳。因此，显性企业社会责任更可能出现在自由市场经济中，隐性企业社会责任更可能出现在集体主义和伙伴关系治理更明显的协调市场经济中。

隐性企业社会责任的一种极端形式可以在印度看到。2013 年，印度政府颁布了《企业社会责任准则》，要求企业将净利润的 2% 用于社会发展。

随着社会的进步和企业的发展以及人们自身文化素质的提高，人们对于企业的社会责任越来越关注，对于一些社会议题的公开讨论，如全球变暖、财富两极分化、环境污染等，也导致公众对于企业社会责任的讨论热情日益高涨。企业社会责任报告变得越来越广泛，逐渐发展成为一种更具包容性的形式，包含了社会、环境和经济可持续发展的各个方面。企业社会责任已经远远超越了原有狭义的慈善事业，企业逐渐意识到自身品牌的建设不仅取决于价格、质量和创新，还取决于企业与员工、社区和环境的互动方式。但也有一些学者对于企业社会责任这一概念进行质疑，认为它破坏了企业利润最大化原则，短期内不利于企业的财富积累。

根据英国经济学人智库（EIU）的一项调查报告，85% 的受访投资者和企业高管认为，在对企业的投资决策中，企业社会责任是一个重要考虑因素。在《财富》世界 500 强企业中，超过半数发布了企业社会责任报告，且这个比例还在逐年增加。在传媒类企业中，对于社会责任的探讨却微乎其微。传媒类企业在社会责任指数上的得分较低。从搜集到的资料来看，2007 年道琼斯可持续发展指数的企业中，传媒类企业只有个位数，占比极低。除此之外，入选英国 2006 年社区商业指数的企业中，只有四家是传媒类企业。由此可见，传媒行业企业社会责任的履行情况落后于其他行业。

二　对英国传媒企业社会责任调查的观察

国内传媒行业对于企业社会责任的研究较少，因此，国外传媒行业对于企业社会责任的探讨和实践具有一定的借鉴意义。国外的出版社一般隶属于传媒集团，本部分以英国传媒企业社会责任调查为例。尽管英国传媒行业在企业社会责任参与和绩效方面经常落后于其他行业，但鉴于英国传媒企业的影响力，我们对其社会责任的研究还是非常有必要的。然而，英国传媒领域对企业社会责任的研究非常有限，为了弥补这一不足，坎特伯雷基督教会大学的阿格内斯·古利亚斯（Agnes Gulyas）学者在早期做了一项关于英国传媒企业社会责任的调查，调查了英国传媒公司对企业社会责任的看法和实践，并评估了国家日报部门的企业社会责任参与情况。

（一）关于企业社会责任的多种理解

英国传媒行业中的受访者对于企业社会责任的理解大相径庭，从认为企业社会责任是企业经营不可或缺的一部分，到认为企业唯一的目标是利润，两种截然相反的认知存在于受访者中。有一半左右的受访者赞成前者，认为企业社会责任极其重要，在企业的经营中必不可少。37.9% 的受访者认为企业社会责任是额外的，不是企业业务实践的常规组成部分。只有极少数受访者认为企业唯一的社会责任就是利润最大化。

由于传媒企业中部门的差异，人们对其社会责任的理解存在差异。广播部门的受访者将企业社会责任看作其业务战略的一部分，56.3% 的出版商和 20.0% 的信息和通信服务提供者认同这一观点。对于企业社会责任是否对利润或业绩产生积极影响，37.9% 的受访者表示赞同，而 27.6% 受访者并不赞同，34.5% 的受访者表示不知道。大型传媒企业受访者更加认同企业社会责任对于企业业绩的积极影响，而中小型传媒企业受访者中不到半数的人认同企业社会责任对于企业业绩的积极影响，比例大幅缩小。甚至传媒企业中不同部门对于这一问题也有不同的看法，62.5% 的广播企业员工同意企业社会责任对于企业利润的积极影响，赞同这一观点的员工在出版部门及信息和通信服务部门所占比例分别为 37.5% 和 20.0%。

大部分企业员工对于近五年传媒企业承担企业社会责任的压力增加表示认同，而规模较小的出版部门员工表示不同意或不清楚。调查中还要求传媒企业员工对于促使其参与企业社会责任中不同利益相关者的重要性进行排序，排名靠前的是员工和首席执行官，排名靠后的是竞争对手和非政府组织。由相关调研数据可以看出，对于传媒企业社会责任影响较大的是内部因素。

（二）关于企业社会责任的不同参与方式

英国传媒行业公布的参与企业社会责任的方式有所不同，27.6% 的传媒企业在其使命中直接提到了企业社会责任，而 41.4% 的传媒企业在其年度报告中提到了企业社会责任。相较于小型传媒企业，大型传媒企业在其年度报告中基本都提到了企业社会责任。广播企业比平面媒体企业更有可能提到企业社会责任，62.5% 的广播企业在其年度报表中提到了企业社会责任。传媒企业的规模对企业社会责任相应活动的管理方式会产生影响，规模较大的传媒企业都设有专门的企业社会责任委员会来管理相应的活动，而规模较小的传媒企业主要由执行董事或董事会负责管理企业社会责任相应活动。

英国传媒企业对于企业社会责任相应活动的开展形式较为多元化，占比最大的是进行慈善捐赠，这也是社区活动中最受欢迎的形式。大部分英国传媒企业声称会通过会议或论坛听取员工的意见，34.0% 的企业设有工作委员会等咨询委员会，13.8% 的企业在董事会层面会设置员工代表。大多数传媒企业在企业社会责任报告中报告了与环境可持续性相关的活动。79.3% 的受访企业监测废物的产生和回收；69.0% 的企业目标是降低能源使用量；48.3% 的企业目标是减少员工差旅；41.4% 的企业正在检查与采购相关的环境可持续性；17.2% 的企业从事碳补偿。大型传媒企业相较于规模较小的传媒企业而言，其从事的环保活动种类更加丰富。有意思的是，相较于与环境关系更紧密的印刷出版企业，广播企业反而是更致力于保护环境的企业。

规模和部门的差异成为英国传媒企业社会责任活动范围和种类的决定性因素，大型广播企业在这一方面更为活跃。

在一项对于英国八家主要出版全国性日报企业的调查中，有三家已经单独发布了企业社会责任报告，还有两家在其年度报告中包含了企业社会责任的相关信息。英国传媒企业对于企业社会责任的理解并不一致，有些企业将企业社会责任解读为企业的慈善事业，有些企业将其理解为环境绩效，还有一些企业将其视为各种非财务绩效的综合指标。对企业社会责任的信息阐释方面，八家传媒企业在信息长度、深度和细节方面都存在一定的差异。其中有七家提到了其在社区开展的活动；有六家提供了有关其环境绩效的信息；有三家参与了某种企业社会责任指数的评估。

对英国传媒企业的调查中还有一些有意思的发现，与女性董事比例较低或没有女性董事的企业相比，董事会中女性董事比例较高的那个组织更好地履行了企业社会责任；传媒企业的离职率与其社会责任无显著相关性；企业所有制形式与传媒企业的社会责任也没有显著相关性。

英国传媒企业对于企业社会责任的解读并没有统一的标准，对于企业社会责任的看法和参与受到多种因素的影响，包括组织的规模、所在的部门等。

出版企业社会责任的研究回顾与展望*

摘　要　履行社会责任是企业实现可持续发展的现实需要，既能彰显企业的生命力，又能增强企业在市场中的竞争力。出版企业的社会责任也经历了从关注到接触、从探索到深耕的过程；学界对出版企业肩负的特殊社会责任研究的深度和广度也逐渐得到扩展。基于此背景，本文围绕“出版企业社会责任”相关研究进行了系统检索，对其发展历程及已有研究成果进行了梳理，对现有研究视角及核心议题进行了分类综述，对研究意义和未来发展趋势分别进行总结和展望，以期推动出版行业实现可持续发展。

关键词　出版企业　企业社会责任　可持续发展

企业社会责任（Corporate Social Responsibility，CSR）概念来自西

*　本文作者为北京印刷学院新闻传播学院2021级硕士研究生张宇薇，经韩生华编辑修订。

方，后来被引入中国。20 世纪 90 年代，我国较早接受社会责任理念的是一批“走出去”的国有企业。由于国外学术研究成果引进的深入和全球企业生产守则运动通过跨国公司供应链在中国的推动和发展，学界和业界在国际贸易中逐步开始重视社会责任问题。到 21 世纪初期，企业社会责任才在我国开始得到广泛关注，因此，我国对企业社会责任的研究起步较晚。

近年来，企业社会责任越来越受到重视，出版企业也逐渐开始关注和践行社会责任。出版企业社会责任要求出版企业在实现经济效益的同时兼顾社会效益，履行相关的社会责任和义务，促进出版企业良性发展。

一 出版企业社会责任研究的总体情况

基于对中国知网（CNKI）学术期刊数据库、维普数据库中收录的文献进行梳理汇总，本文旨在从整体上把握学界及业界对“出版企业社会责任”的研究情况。

（一）CNKI 学术期刊数据库中的文献数据统计

截至 2022 年 12 月 13 日，在 CNKI 学术期刊数据库中对“出版企业社会责任”的相关研究进行检索，共有 83 篇文献。对全部检索结果进行计量可视化分析，可得出近年来关于“出版企业社会责任”文献的发文量总体趋势、学科分布、来源分布、作者分布、机构分布。

由图 1 可知，2006~2022 年出版企业社会责任相关研究发文量最集中的年份是 2010 年，共发表 13 篇。

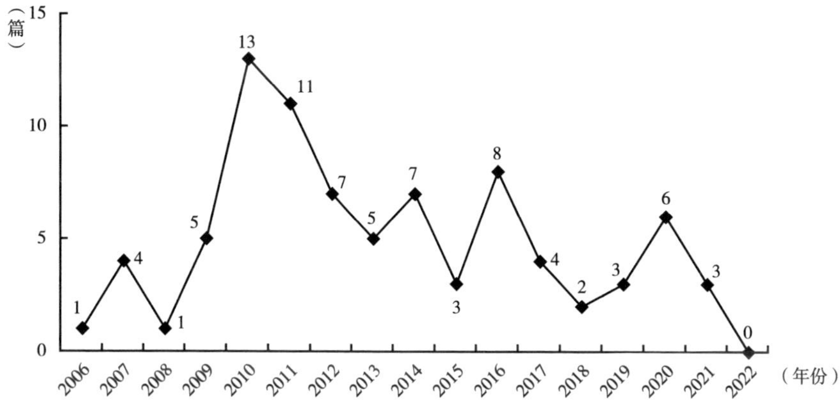

图 1　2006~2022 年出版企业社会责任相关研究的发文量总体趋势

由图 2 可知，在 2006~2022 年出版企业社会责任文献中，出版学科发文量最多，高达 67 篇；其次是企业经济，共计 23 篇。

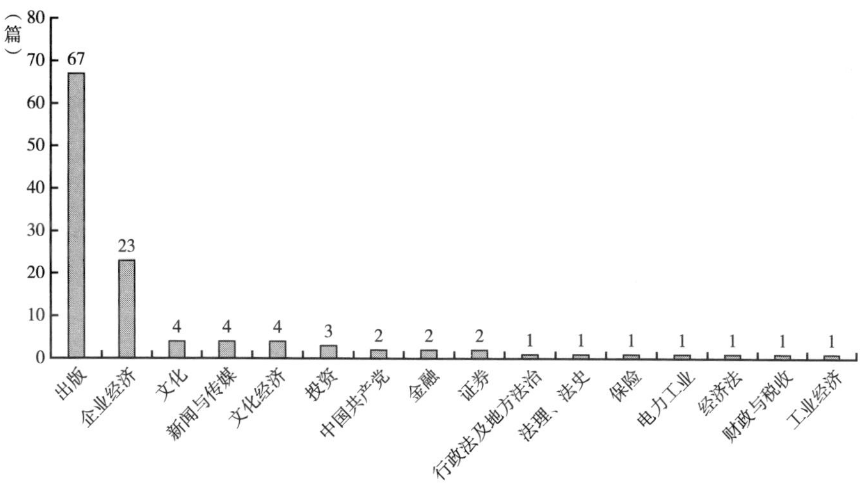

图 2　2006~2022 年出版企业社会责任文献学科分布

注：由于部分文献不只涉及一个学科领域，存在一篇文献同时归属于多个学科的情况，此处按照文献出现的次数统计，故统计出的学科分布总篇数为118篇，大于文献总量的83篇，如2011年张雨晗在《中国出版》发表的《试论出版企业社会效益与社会责任》一文，既属于出版学科，又属于企业经济学科，对其进行学科分类时在两个学科内各计一次。

由表 1 可知，根据 2006~2022 年出版企业社会责任文献来源分布，在众多文献来源中，发表在《现代出版》和《中国出版》上的文章数量最多，各发 7 篇，各占总发文量的 8.4%；其次是《出版发行研究》和《编辑之友》，各发 5 篇，各占总发文量的 6.0%。

表 1　2006~2022 年出版企业社会责任文献来源分布

单位：篇，%

来源	文章数量	占总发文量的比例
《现代出版》	7	8.4
《中国出版》	7	8.4
《出版发行研究》	5	6.0
《编辑之友》	5	6.0
《科技与出版》	4	4.8
《出版广角》	3	3.6
上海交通大学	2	2.4
《出版科学》	2	2.4
《出版参考》	2	2.4
《合作经济与科技》	2	2.4
《传媒经济与管理研究》	1	1.2
《中国市场》	1	1.2
《采写编》	1	1.2
《商讯》	1	1.2
《现代营销》（经营版）	1	1.2
北京印刷学院	1	1.2
西南交通大学	1	1.2
《时代经贸》	1	1.2
兰州大学	1	1.2
《渭南师范学院学报》	1	1.2

续表

来源	文章数量	占总发文量的比例
《新闻研究导刊》	1	1.2
《传播与版权》	1	1.2
华东交通大学	1	1.2
南京大学	1	1.2
《经济师》	1	1.2
《培养编辑名家 打造出版精品——中国编辑学会第16届年会获奖论文（2015）》	1	1.2
《芒种》	1	1.2
《经济》	1	1.2
《全国水利系统思想政治工作及水文化研究2013年度优秀论文集》	1	1.2
《中国新闻出版报》	1	1.2
《管理观察》	1	1.2
内蒙古科技大学	1	1.2
《中国行政管理》	1	1.2
《北方工业大学学报》	1	1.2
陕西师范大学	1	1.2
《中国版权》	1	1.2
《第19次中韩伦理学国际学术研讨会暨第五次全国经济伦理学学术研讨会论文集》	1	1.2
《上海质量》	1	1.2
《中国保险报》	1	1.2
《光明日报》	1	1.2
《教育教学论坛》	1	1.2
《编辑学刊》	1	1.2
西南财经大学	1	1.2
《青年记者》	1	1.2
《中国电力教育》	1	1.2

续表

来源	文章数量	占总发文量的比例
《华北电力报》	1	1.2
《编辑文化论：中国编辑学会第十四届年会优秀文集》	1	1.2
《河南大学学报》（社会科学版）	1	1.2
《企业经济》	1	1.2
《传媒》	1	1.2
《产业与科技论坛》	1	1.2
《中国编辑》	1	1.2
《北京印刷学院学报》	1	1.2
《经济管理》	1	1.2

由表 2 可知，根据 2006~2022 年出版企业社会责任文献作者分布，按照发文量从多到少排序，在排名前 30 的发文作者中，有 22 位来自学界，8 位来自出版业界。其中，学界发文作者的所处机构主要包括对外经济贸易大学、南京大学、上海交通大学等，出版业界发文作者的所处机构主要包括中国致公出版社、福建教育出版社、人民日报社等，它们对于“出版企业社会责任”较为关注。

表 2　2006~2022 年出版企业社会责任文献作者分布

单位：篇

发文作者	所处机构	发文量
顾永才	对外经济贸易大学	3
陈霄栋	南京大学	2
刘伟见	中国致公出版社	2
杨桂丽	福建教育出版社	2

续表

发文作者	所处机构	发文量
周勇剑	上海交通大学	2
尹世昌	人民日报社	2
管曹梦茜	南京大学	2
杨海平	南京大学	1
陈晓暾	陕西科技大学	1
许韬	浙江警察学院	1
乔占军	河南大学	1
莫林虎	中央财经大学	1
付海燕	北京印刷学院	1
王瑞	北方工业大学	1
姜永超	燕山大学	1
刘彦	北方工业大学	1
郭亚军	中共中央党校	1
肖俊南	江西高校出版社	1
陈月梅	重庆大学	1
邢红	鲁东大学	1
王华	重庆大学	1
叶小峰	教育科学出版社	1
尹昌龙	深圳出版发行集团	1
何小敏	华南理工大学	1
黄晓红	北京工业大学	1
高龙	陕西科技大学	1
刘晰昱	北京印刷学院	1
王斌会	西安交通大学	1
孙祺	辽宁教育出版社	1
孙雪松	河北教育出版社	1

注：表中数据依据中国知网学术期刊数据库提供的计量可视化分析结果得出。读者可进入数据库，以“出版企业社会责任”为关键词进行检索，获取全部文献并了解发文作者情况。

由表 3 可知，根据 2006~2022 年出版企业社会责任文献机构分布，按照发文量从多到少排序，在排名前 30 的发文机构中，有 20 所高校、10 家出版机构。其中，发文量最多的高校为北京印刷学院，共计 5 篇；其次是南京大学、对外经济贸易大学、上海交通大学，各发 4 篇。发文量最多的出版机构为江西高校出版社、福建教育出版社、中国致公出版社，各发 2 篇。

表 3　2006~2022 年出版企业社会责任文献机构分布

单位：篇

发文机构	发文量
北京印刷学院	5
南京大学	4
对外经济贸易大学	4
上海交通大学	4
中国传媒大学	3
复旦大学	3
江西高校出版社	2
福建教育出版社	2
中国致公出版社	2
华南理工大学	2
北方工业大学	1
内蒙古科技大学	1
武汉大学	1
安徽大学	1
深圳出版发行集团	1
万卷出版公司	1
河北教育出版社	1
中国科学院大学	1

续表

发文机构	发文量
西南交通大学	1
安徽教育出版社	1
北京工商大学	1
河北经贸大学	1
光明日报社	1
新华报业传媒集团	1
西安交通大学	1
兰州大学	1
浙江警察学院	1
燕山大学里仁学院	1
人民日报社	1
湖南涉外经济学院	1

注：表中数据依据中国知网学术期刊数据库提供的计量可视化分析结果得出。读者可进入数据库，以“出版企业社会责任”为关键词进行检索，获取全部文献并了解机构发文情况。

（二）维普数据库中的文献数据统计

截至 2022 年 12 月 13 日，在维普数据库中对“出版企业社会责任”的相关研究进行检索，共有 158 篇文献。对全部检索结果进行计量可视化分析，可得出其中 2013~2022 年学术成果发文量及被引量统计、2013~2022 年学术成果发文量及被引量变化趋势、2013~2022 年主要期刊发文量统计。

由表 4、图 3 可知，根据 2013~2022 年学术成果发文量及被引量数据，2014 年发文量最多，共计 13 篇。虽然 2016 年的发文量只有 8 篇，但是被引量最多，引用高达 26 次。

表 4　2013~2022 年学术成果发文量及被引量统计

单位：篇，次

类别	2013年	2014年	2015年	2016年	2017年	2018年	2019年	2020年	2021年	2022年
发文量	6	13	8	8	11	3	6	8	11	1
被引量	5	17	5	26	10	6	4	17	3	0

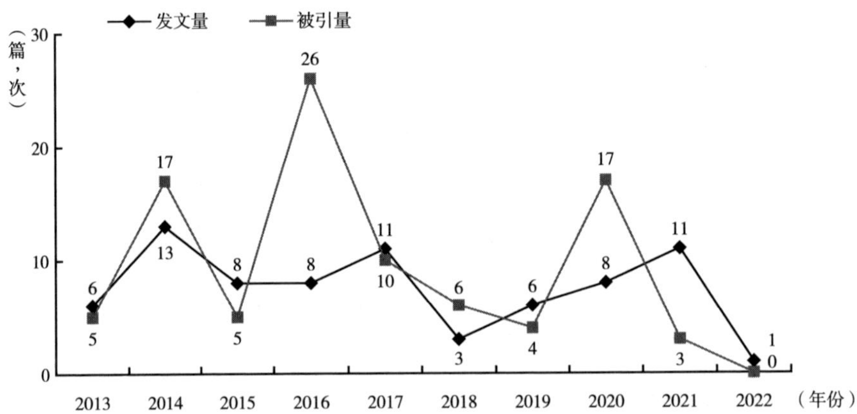

图 3　2013~2022 年学术成果发文量及被引量变化趋势

由图 4 可知，根据 2013~2022 年主要期刊发文量统计，发表相关文献最多的期刊是《中国出版》，共计 15 篇，其次是《出版广角》，共计 9 篇，发文期刊类型与出版学科紧密相扣。

根据文献梳理结果可知，我国对出版企业社会责任的关注及研究起步较晚，且研究成果较少。由于企业社会责任思想的起源与经济、贸易紧密相关，学界研究出版企业社会责任的机构主要为财经类、经济贸易类高校。此外，出版机构也对企业社会责任十分关注，成为发文机构中的业界代表。

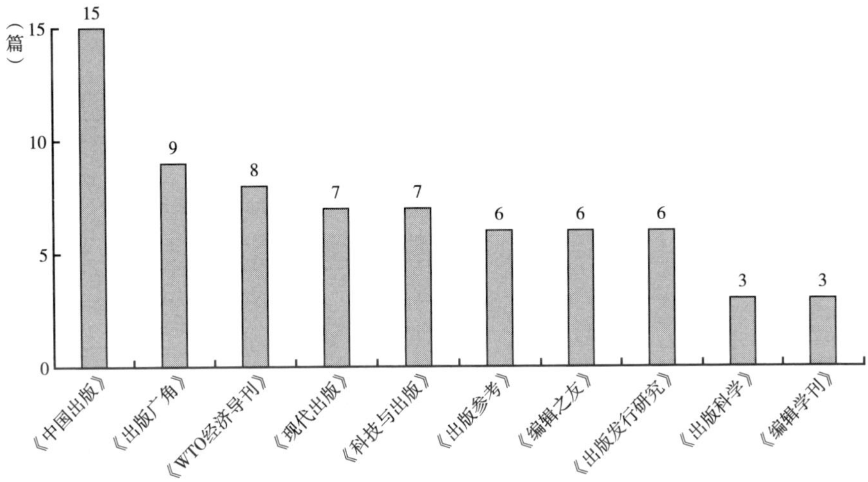

图 4　2013~2022 年主要期刊发文量统计

二　出版企业社会责任研究的主要议题

根据对 CNKI 学术期刊数据库、维普数据库中“出版企业社会责任”相关研究的梳理，以研究内容划分，可得出目前学界、业界已有的研究视角和议题主要集中在以下十方面：第一，出版企业社会责任的起源；第二，出版企业履行社会责任的必要性；第三，出版企业利益相关者的划分及相应的社会责任；第四，出版企业经济效益、社会效益与社会责任之间的关系；第五，出版企业的社会责任报告；第六，出版企业社会责任的评价指标体系；第七，出版企业社会责任与财务绩效；第八，出版企业履行社会责任过程中取得的成绩；第九，出版企业履行社会责任过程中出现的问题及发展建议；第十，企业社会责任研究正在向 ESG 发展。

（一）出版企业社会责任的起源

关于出版企业社会责任起源的研究，学界多以中西方为划分依据，分别论述中西方出版企业社会责任的起源。

早在 2012 年，刘伟见在《中国行政管理》发表了《文化体制改革下文化企业社会责任探究——以出版企业为例》一文，分别论述了西方出版企业的社会责任主张和中国出版企业的社会责任发展。在西方，由于出版业提供的是文化产品，所以企业社会责任在出版业中是应有之义。西方出版企业社会责任的主张主要有：其一，认为出版企业关乎世道人心，强调要以社会责任为主；其二，强调出版是纯粹的企业行为，并主张以追求利润为主，但同时认为出版的社会责任也是必要的；其三，强调出版企业既是专业知识的传播者，也是企业，关键是如何在争取利润的同时保证出版的质量。在中国，经过时代的发展变迁，企业社会责任在不同的社会阶段具有不同的内涵。现代意义上的中国出版企业发轫于清末的译书机构，彼时的译书机构如京师同文馆，其责任的定位在于“师夷之长技以制夷”。新中国成立以来，初期的出版具有服务于革命主义教育的功能，这一时期出版企业的社会责任主要表现为政治责任。改革开放初期，出版企业的社会责任是满足人们的精神阅读需要。改革开放以来，出版业在发展的同时也呼唤出版企业积极履行社会责任，但出版业界深入思考的不多，在实践中使用最多的是“社会效益”这个词，对出版企业社会责任的内涵缺乏深入、系统的思考与论证。2020 年莫林虎在《出版广角》发表了《我国出版发行企业履行社会责任的实践与未来发展》一文，梳理了我国出版发行企业履行社会责任的理论来源与实践探索。此后，一些西方管理学者不断跟进，从不同角度、不同立场对该理论进行阐释。

（二）出版企业履行社会责任的必要性

作为文化产业的重要组成部分，出版企业履行社会责任受到国家层面、社会层面以及自身层面的约束。从国家层面来说，2021 年 2 月中共中央宣传部等印发《关于文化企业坚持正确导向履行社会责任的指导意见》，明确指出“坚持履行社会责任和促进企业发展相结合。把履行社会责任作为文化企业提高竞争力、实现可持续发展的重要内容，引导文化企业坚持把社会效益放在首位，努力实现社会效益和经济效益相统一”。从社会层面来说，转企改制成为出版企业开始注重履行社会责任的重要时间节点。自出版社从事业单位转为企业后，追求经济效益也成为其主要目标之一。但出版企业必须清醒地认识到，转企改制只是对出版单位管理方式的改变，并不是改变出版企业的社会责任。从自身层面来说，出版企业的特殊性质决定了其应履行社会责任。出版事业是中国特色社会主义事业的重要组成部分，既是党的意识形态阵地，又是国民经济的重要产业，在我国社会主义经济建设、政治建设、文化建设、社会建设和生态文明建设中担负着重要责任。综上所述，出版企业应自觉担负起应尽的社会责任。

从出版企业履行社会责任的必要性来看，2010 年刘军在《编辑之友》发表了《出版企业社会责任的内涵及履行必要性》，认为出版产品对于社会的影响特别是在精神层面的影响，其深度和广度远远超过一般企业。较之一般企业，出版企业更应该注重自身的社会责任。在出版社转企改制的过程中，强调出版社履行社会责任是引导中国出版业实现健康转企改制的需要，是实现出版社和社会可持续发展有机统一的保障，是推行现代企业制度、提高公司治理水平的要求。因此，学者提出“出版社履行社会责任是社会发展的客观要求和谋求自身发展的内在需求”的观点。

2010年张志强在《中国出版》发表了《转制后中国出版企业的发展与社会责任》，认为出版业跟企业的社会责任有着密不可分的联系。一方面，出版业所出版的产品具有物质与精神的双重属性，其所生产的出版物必须符合社会公德，促进社会文明程度的提高。另一方面，转企后的出版业要想得到发展，必须更加重视社会责任，这样才能使出版业与社会协调发展。因此，出版业强调社会效益与经济效益的统一，要求出版社具有社会责任意识。

2013年乔占军在《中国出版》发表了《利益相关者理论视阈下出版企业社会责任实现机制研究》，学者认为，出版企业能否在激烈的市场竞争中生存和发展，关键在于是否具备核心竞争力。履行社会责任将有助于规范出版企业内部管理和吸引高素质人才，进而提升出版企业在市场中的竞争地位。

综上所述，出版企业履行社会责任是自身发展的内在需求和实现社会可持续发展的有效保障，也是出版企业文化和价值的基本体现。积极履行社会责任有利于企业树立良好的声誉和形象，是企业生命力的源泉。

（三）出版企业利益相关者的划分及相应的社会责任

对谁负责、履行什么样的社会责任，是出版企业在社会责任这条道路上探索时应该首先明确的问题。目前，学界对出版企业利益相关者的划分普遍基于利益相关者理论，虽然划分出的利益主体暂不统一，但核心主体基本相同。出版企业只有以社会责任为导向，以利益相关者的需求为出发点，才能谋得自身的长足发展。

2009年杨桂丽在《编辑之友》发表了《责任、商机与可持续发展——出版企业社会责任浅析》，学者认为，利益相关者是对企业的政策和方针能够施加影响的所有集团。对出版企业来说，其利益相关者包括股东、员工、客户、环境、商业伙伴。出版企业在从事的各种活动中应该对企业的所有利益相关者承担责任。对股东的责任包括对其资金的安全和收益负责任，并向股东提供真实经营和投资方面的信息等；对员工的责任包括为员工提供安全的工作环境，以及平等的就业机会、教育培训机会等；对客户的责任主要体现在对其权益的维护上，具体包括向客户提供安全可靠的产品，尊重客户的知情权、自由选择权；对环境的责任包括合理利用环境资源，强化绿色生产、绿色消费，实施绿色管理等；对商业伙伴的责任包括遵守契约、坚持公平竞争、营造良好的经营秩序等。

2012 年许韬在《中国出版》发表了《出版企业社会责任的法学审视》，依据不同的利益相关主体，学者将出版企业社会责任的内容具体分解为以下几个方面：对国家的责任、对读者的责任、对员工的责任、对商业伙伴的责任、对环境的责任、对公益的责任。

2021 年周南在《中国市场》发表了《企业社会责任框架下中国出版企业发展探究》，基于对企业利益相关者理论的分析，学者首先结合出版企业的产业特点构建了出版企业利益相关者框架，归纳出了出版企业的主要利益相关者，即政府（包含国家出版管理部门）及协会、公众、作者、消费者（含读者）、合作伙伴和员工。其次，在企业社会责任导向下，学者针对不同的利益相关主体提出中国出版企业的发展策略：对政府及协会的责任包括弘扬国家价值、传承文化、对赖以生存的环境负责；对公众的责任包括紧跟时代热点，认真贯彻国家相关精神和政策，树立科学的文化发展观，坚持正确的舆论导向，将为社会和大众提供各个领域的创新文化及高质量的知识视为自己的责任；对作者的责任包括提升对广大作者的出版服务能力，通过举办见面会等形式与学者、学术组织展开密切的联系互动，为作者搭建交流的平台；对消费者的责任包括提升本企业出版部的服务水平，提高发行人员自身的能力，提供一本文章质量上乘、排版及设计精良的出版物；对合作伙伴的责任包括重视和加强合作，提升信任度与忠诚度；对员工的责任包括为员工提供良好的发展空间和员工关怀、人才培养等。

（四）出版企业经济效益、社会效益与社会责任之间的关系

出版企业要想实现更好的发展，就必须平衡社会效益、经济效益和社会责任三者之间的发展关系，既要履行社会责任，又要把社会效益放在首位，努力实现社会效益和经济效益相统一。目前，很多论述中将出版企业的社会效益与社会责任混淆，甚至直接将二者等同，但实际上二者的概念并不相同。虽然出版企业社会效益与社会责任这两个概念具有相通之处，但是仍存在较大的区别，出版企业社会责任的外延明显更大。关于出版企业的经济效益、社会效益与社会责任之间的关系，学界普遍认为出版企业坚持把社会效益放在首位、社会效益和经济效益相统一，其实就是作为出版企业首先要履行社会责任，才能产出社会效益，同时实现社会效益和经济效益的双丰收。

2011 年张雨晗在《中国出版》发表了《试论出版企业社会效益与社会责任》一文，对出版企业的社会效益与社会责任进行对比，指出二者异同点。学者认为，建立在不同理论基础上的社会效益和社会责任分别有着不同的内涵和外延，二者在主体、客体、考核体系等方面有着不同的特点。首先，主体和客体不同。出版企业社会效益的主体是出版物，客体泛指整个社会；出版企业社会责任的主体是出版企业，即由出版企业来承担社会责任，客体是众多利益相关者。其次，考核体系不同。社会效益是

一种“软性约束”，一直缺乏科学公正、具有普适性和可操作性的考核体系；社会责任具有边界性、规范性和国际性等特点，具有企业社会责任评估体系和考核标准。出版企业社会效益与社会责任的共同点主要体现在以下方面。首先，目标一致。出版企业社会效益与社会责任在本质上是一致的，都是为了企业所在社会的健康发展，为了自身和社会的可持续发展。其次，内涵有重合之处。出版企业的经济、法律责任，以及伦理责任都涵盖了一定的社会效益。再次，实现机制相似。法律和道德是促使企业履行社会责任、追求社会效益的两种力量，外部监督和内部约束是推进企业履行社会责任、追求社会效益的两种机制。最后，二者都与企业品牌效应、经济绩效正相关。出版企业履行社会责任、追求社会效益的做法会带来更大、更稳定、更长远的品牌效应和经济绩效。

2014 年冯彦良在《合作经济与科技》发表了《出版企业社会效益、经济效益与社会责任之间的关系》，学者认为，出版企业履行社会责任与产生社会效益是相辅相成的。企业履行社会责任，就会产生社会效益，坚持把社会效益放在首位，就意味着企业必须履行社会责任。虽然企业履行社会责任在短期内可能会减少经济效益，但从长期看，企业追求社会效益会增加自己的经济效益，而经济效益的增加又有助于企业更好地履行社会责任。

2016 年陈晓暾、高龙在《经济师》发表了《试论出版企业社会效益与社会责任差异》，通过对社会效益和社会责任的概念进行对比，研究得出出版企业社会效益与社会责任存在较大的差异，主要表现在以下五个方面。第一，内涵不同。出版企业社会效益是相对于经济效益而言的，是指出版企业要满足社会大众日益增长的物质文化需求；出版企业社会责任是指企业为了可持续发展，对利益相关者负责，从而实现社会效益和经济效益相统一且综合价值最大化。第二，指向对象不同。出版企业社会效益所指向的对象是社会大众，是面向全社会的人民群众的；出版企业社会责任指向的对象是企业的利益相关者，与社会效益相比，企业社会责任指向对象更加明确具体。第三，满足需求不同。出版企业社会效益满足的是社会大众日益增长的物质文化需求，而出版企业社会责任是满足利益相关者的需求。第四，概念侧重点不同。出版企业社会效益侧重于强调出版企业活动必须坚持为人民服务、为社会主义服务的方向；出版企业社会责任则更强调实现社会效益与经济效益的统一，实现企业利益最大化。第五，概念体系不同。出版企业社会效益是我国精神文明建设体系中对出版企业的必然要求；出版企业社会责任则是在西方管理学体系下企业社会责任与出版企业结合的产物。

2020 年闫松莹在《现代营销》（经营版）发表了《出版企业的经济效益、社会效益以及社会责任的关系研究》，对出版企业的经济效益、社会效益、社会责任三者之间的关系进行阐述。首先，出版企业作为精神文明传播的先驱者，就必须履行好自己的社会责任，将社会效益放在发展的首位。其次，出版企业承担社会责任就是维护本企业员工、消费者和社会的利益，承担对社会发展的重任，满足政府对其发展需求，最终会产生相应的社会效益。承担的责任越全面，那么带来的社会效益也就越会产生巨大效应，经济利润也会得到相应的增加。如果一个企业没有承担自己的社会责任，对于员工以及消费者没有相同的重视程度，那么就不会带来相应的社会效益，也会影响自身的经济效益。为此，学者经研究得出，只有出版企业将社会效益放在企业发展的第一位，才能带来相应的社会影响，从而带来一定的经济效益。

（五）出版企业的社会责任报告

社会责任报告是企业向社会公开披露信息的重要载体，是企业与利益相关者沟通的重要桥梁，也是企业践行社会责任的成果展示。出版企业在践行社会责任理念、切实履行社会责任的同时，积极发布社会责任报告，不仅能使企业利益相关者和社会公众更好地了解企业，还能在企业内部起到监督完善的作用，实现企业的可持续发展。然而，目前出版企业在发布社会责任报告方面存在众多问题，如报告的发布量少、报告质量参差不齐等。

关于出版企业的社会责任报告，学界对其研究主要集中在现存问题、改进对策、编制框架等方面。2015 年陈霄栋、管曹梦茜在《现代出版》发表了《近年我国“出版企业社会责任报告”问题分析》，从企业社会责任报告来看，学者指出我国出版企业社会责任履行存在以下四方面的问题：第一，出版企业尚未全面树立履行社会责任的理念；第二，报告内容的主观性太强，选择性披露现象严重；第三，社会责任的履行没有嵌入企业的整体治理结构中；第四，第三方独立鉴证机制尚不完善，缺乏客观性。对此，学者提出我国出版企业社会责任履行与报告编制的改进对策：首先，针对出版企业管理层组织出版企业社会责任培训；其次，探索建立统一的出版企业社会责任报告指南与评价体系；再次，设置专门的社会责任相关部门，加强企业在社会责任履行方面的执行力；最后，借助高校平台进行第三方独立鉴证。

2016 年管曹梦茜在南京大学硕士学位论文《我国出版企业社会责任报告编制框架研究》中指出，我国出版企业履行社会责任的积极性普遍较低，绝大多数出版企业不能积极地发布社会责任报告。在已发布的出版企业社会责任报告中，大部分由于结构、信息披露不完整等问题，显得如同鸡肋。针对这一现状，学者从我国出版企业现有的社会责任报告中存在的问题入手进行系统分析与研究，设计了出版企业适用的、具有鲜明行业特点的社会责任报告编制框架，以期为中国的出版企业发布社会责任报告消除客观障碍，并带动更多的出版企业积极履行社会责任，撰写更加完备的社会责任报告。

（六）出版企业社会责任的评价指标体系

学界关于出版企业社会责任的评价指标体系的研究主要集中在两方面：一是明晰出版企业社会责任的评价指标体系的价值、意义，指出出版企业社会责任的评价指标体系的作用；二是为出版企业构建一套适合的评价指标体系。

2011 年顾永才在《现代出版》发表了《出版企业社会责任指标体系的构建》，学者认为出版企业社会责任指标体系是对出版企业履行社会责任的过程和结果的分解和细化，是管理、评价出版企业社会责任工作的基本依据，可以全面反映出版企业履行社会责任的绩效，为出版企业实施社会责任管理提供指导。其作用主要表现为：第一，构建指标体系有利于明确出版企业社会责任的内容；第二，构建指标体系有利于出版企业内部强化社会责任管理工作考核；第三，构建指标体系有利于推动出版企业加强社会责任推进制度建设；第四，构建指标体系有利于监测、比较和评价出版企业履行社会责任的绩效。基于此，学者根据利益相关者理论对出版企业社会责任指标体系构建了三级指标，其中一级指标的责任划分包括对政府、出资人、员工、读者、商业伙伴、社区以及其他利益相关者的社会责任。

2016 年熊凤翔在其《基于利益相关者理论的出版企业社会责任评价研

究——以中文传媒为例》一文中指出，从目前国内出版企业有关社会责任的研究情况来看，出版企业社会责任评价体系还处于待建立的萌芽阶段。社会责任的外部评价机制的建立完善，是促进企业社会责任发展的重要因素，建立健全出版企业社会责任评价体系，能够引导和监督出版企业履行其社会责任。基于此，学者以出版企业为研究对象，结合我国的国家政策和出版企业的特殊性，依据利益相关者理论，建立了一套对出版企业可行的社会责任评价体系。

为适应形势变化，进一步增强准则的适用性、评价的客观性，推动社会责任评价在引导企业实现可持续发展过程中发挥更大价值，2020 年 7 月，由中国企业评价协会发起研究提出的《中国企业社会责任评价准则（CEEA-CSR2.0）》（以下简称《准则 2.0》）在京发布，对《准则 1.0》进行全面优化升级。《准则 2.0》对“企业社会责任”的定义是：企业通过透明的、有道德的行为对其决策及活动对社会、环境的影响所负的责任。升级后的《准则 2.0》具有普适性，且具有以下亮点：第一，创新门槛指标；第二，突出可持续发展；第三，增设产业关联带动指标；第四，扩展案例分析、评级等应用范围；第五，测评指标更具可操作性。企业社会责任评价准则由 1.0 转型升级到 2.0，并纳入多项新评价指标，意味着社会责任评价更趋丰富，有助于推动更多企业履行社会责任。

（七）出版企业社会责任与财务绩效

加强企业管理，重点关注企业社会责任，注重公司财务绩效方面的影响，可推动该行业更加积极、主动地承担社会责任，进一步提升行业传播力、引导力，实现社会效益和经济效益“双赢”。目前，学界研究了出版企业社会责任与财务绩效之间的辩证关系、二者之间的影响作用，以期促进出版企业积极履行社会责任，提高财务绩效。

2020 年沈雅静在《商讯》发表了《企业社会责任对财务绩效的影响研究——以新闻出版行业经验数据为基准》，学者以我国新闻出版行业的 23 家上市公司为样本，选取 2015~2019 年的年报数据，实证分析新闻出版行业企业社会责任对财务绩效的影响。研究数据表明，新闻出版企业消费者、员工、股东、政府这四个维度社会责任的履行均会对财务绩效有显著影响，该行业在这些方面的社会责任意识较强。新闻出版企业已意识到积极履行社会责任将有助于提高其财务绩效。

2020 年刘晰昱在北京印刷学院硕士学位论文《出版企业社会责任与财务绩效研究》中指出，随着企业社会责任的关注度日益提升，出版企业在承担社会责任的同时，可以更好地树立企业形象，提升自身软实力，在激烈的市场竞争中占据主动权，从而获得更多的经济利益，促进财务绩效的提高。反之，如果企业不履行社会责任，则有损其形象，同时也间接失去公信力，不利于提升财务绩效。学者从利益相关者的角度出发，研究了出版企业社会责任与财务绩效间的辩证关系，经研究得出：出版业上市企业履行对股东的社会责任对财务绩效有着显著的正相关影响；履行对供应商和社会公众的社会责任时，虽然具有正相关影响，但其影响并不显著；履行对消费者和债权人的社会责任时，出现了不显著的负相关影响；履行对员工和政府的社会责任时，则出现了显著的负相关影响。因此，可以肯定出版业上市企业在很好地履行对股东的社会责任且提高了企业的经济效益，但同时也需十分重视对员工和政府的社会责任履行情况。

（八）出版企业履行社会责任过程中取得的成绩

关于出版企业近年来在履行社会责任过程中取得的成绩方面，2020

年莫林虎在《出版广角》发表了《我国出版发行企业履行社会责任的实践与未来发展》一文，指出我国出版发行企业近年来在履行社会责任、发挥社会效益方面取得了三方面的成绩：第一，我国出版发行企业继承发扬了改制前履行社会责任、发挥社会效益的传统，在贯彻落实党和国家文化政策，弘扬主旋律、传播先进文化上有突出表现；第二，通过制度建设使出版发行企业把履行社会责任、发挥社会效益落到实处，如各大出版发行企业开展了关于治理结构、出版导向、风险防控、廉洁从业、业务流程等方面的制度建设；第三，探索履行社会责任、发挥社会效益与实现良好经济效益协调发展的创新举措，如出版发行企业战略调整创新，以及企业组织结构和工作机制、考核及薪酬分配机制创新，实现双效目标。

（九）出版企业履行社会责任过程中出现的问题及发展建议

针对出版企业在履行社会责任过程中出现的问题，学者提出了具体的发展建议。2008 年胡慧河在《企业经济》发表了《出版企业的特殊社会责任及其实现机制》，指出出版企业承担社会责任既是一个主动和自觉的过程，也是社会环境调控下的结果。因此，可以从以下三方面来促进出版企业承担社会责任：第一，出版企业从自身出发，强化社会责任意识；第二，加强外部机制，建立合理的企业、社会和政府三者之间的关系；第三，建立健全出版企业承担社会责任的监督和激励机制，提高出版企业自觉承担社会责任的积极性，构建出版企业承担社会责任的有利社会环境。

2014 年王华、陈月梅在《科技与出版》发表了《我国出版企业社会责任发展对策探讨》，指出我国出版企业社会责任发展存在四方面的问题：第一，出版企业社会责任内容抽象、宽泛；第二，对企业社会责任的管理尚未形成；第三，现行的社会效益考核没有涵盖社会责任的有关内容；第四，外部环境存在制约因素。对此，学者提出我国出版企业社会责任发展的对策：首先，明晰出版企业社会责任的内容；其次，提高出版企业家及企业的社会责任意识；再次，建立健全社会责任战略管理部门，推动企业社会责任发展；最后，加大企业社会责任的宣传力度，进行有效引导和扶持。

2020 年莫林虎在《出版广角》发表了《我国出版发行企业履行社会责任的实践与未来发展》，学者对我国出版发行企业履行社会责任、发挥社会效益提出三条发展建议：第一，将履行社会责任提高到企业经营管理的主动层面和战略高度；第二，在为客户创造价值方面进一步开拓创新；第三，着力解决员工创造价值能力不足的问题，通过企业核心价值观的培育和践行，打造有理想、有创意、有干劲、有能力的团队。

（十）企业社会责任研究正在向 ESG 发展

ESG 代表环境（Environmental）、社会（Social）和公司治理（Governance），其主要针对企业的环境责任、社会责任、治理责任三方面表现进行评价。当前，ESG 已成为国际趋势，成为世界一流企业的标配，企业社会责任研究正在向 ESG 发展。

2022 年，为进一步完善国资监管体制机制，更好发挥监管效能，国务院国资委成立了社会责任局。社会责任局的重点工作任务围绕推进“双碳”工作、安全环保工作以及践行 ESG 理念等展开，与生态环保工作紧密相连。成立社会责任局不仅有利于推动中央企业履行社会责任，加快实现高质量发展，更代表着 ESG 正在成为中国企业发展的新风向。

2022 年李诗、黄世忠在《财务研究》发表了《从 CSR 到 ESG 的演进——文献回顾与未来展望》，学者通过梳理 CSR 到 ESG 的演进之路，指出 CSR 与 ESG 的核心内涵是一致的，那就是在为股东创造价值、赚取利润的同时，承担起对员工、消费者、环境、社区等利益相关方的责任。CSR 和 ESG 都不同程度地以利益相关者理论为基础，引导企业在经济利益之外关注环境绩效和社会绩效。

2022 年钱小军在《可持续发展经济导刊》发表了《从 CSR 到 ESG，如何看待责任投资的发展与演进？》，学者指出，近年来可持续发展理念逐渐在全球普及，资本市场对企业社会责任信息披露的关注重点也在逐渐从 CSR 向 ESG 转变。针对这一现象，学者表达了以下观点：首先，ESG 是 CSR 在金融投资领域的延伸，反作用于企业，是企业全面履行社会责任的动力，更是推动企业可持续发展的强力金融杠杆；其次，ESG 已是大势所趋，中国企业应积极应对，做好 ESG 有助于强化中国企业的市场优势，尤其是在国际市场上竞争的能力。

通过文献梳理发现，学界与业界对出版企业社会责任的研究涵盖范围广，从企业社会责任的起源及理论阐释，到企业社会责任在出版领域中的应用进行了全面研究。对出版企业社会责任的研究也由浅入深，分别交代了出版企业的利益相关者、应履行的社会责任、社会责任报告、评价指标体系等。此外，出版企业社会责任研究未止步于此，学者也在跟随时代发展和国际趋势，不断探索并拓展出版企业社会责任的内涵或外延，将企业社会责任与 ESG 紧密结合。

三　出版企业社会责任的研究意义

截至 2022 年 12 月 13 日，以“企业社会责任”为主题和题名在 CNKI 学术期刊数据库中进行检索，共有 33776 篇文献，对全部检索结果进行计量可视化分析，可直观得出关于“企业社会责任”的检索结果主要发文机构分布。由表 5 可知，中南财经政法大学的发文量最多，共有 403 篇，西南财经大学排名第二，发文量为 368 篇。

表 5　CNKI 学术期刊数据库中关于“企业社会责任”的检索结果主要发文机构分布

单位：篇

发文机构	发文量
中南财经政法大学	403
西南财经大学	368
吉林大学	280
中国人民大学	272
东北财经大学	265
暨南大学	231
湖南大学	231
山东大学	217
上海交通大学	202
南京大学	198
华中科技大学	194
厦门大学	193
首都经济贸易大学	187
南京财经大学	179
西南交通大学	178
武汉大学	173
苏州大学	163
河北经贸大学	160
华南理工大学	157
中南大学	156
复旦大学	151

续表

发文机构	发文量
清华大学	151
北京交通大学	149
江西财经大学	146
武汉科技大学	146
对外经济贸易大学	143
四川大学	143
北京大学	139
山西财经大学	135
浙江工商大学	135

截至 2022 年 12 月 13 日，以“企业社会责任”为任意字段在维普数据库中进行检索，共有 46946 篇文献，对全部检索结果进行计量可视化分析，可直观得出主要发文机构统计情况。

由表 6 可知，在发文量排名前十的发文机构中，与财经类、经济贸易类相关的发文机构有四个，分别是中南财经政法大学、《WTO 经济导刊》编辑部、西南财经大学和南京财经大学，这类机构占较大比重。其中，中南财经政法大学发文量最多，共计 460 篇，主要研究主题为企业、上市公司、实证研究（分析）、经济增长等。

表 6　维普数据库中关于“企业社会责任”的检索结果主要发文机构统计

单位：篇

序号	发文机构	发文量	主要研究主题
1	中南财经政法大学	460	企业 上市公司 实证研究（分析） 经济增长
2	中国人民大学	402	企业 实证研究 商业银行 马克思主义 经济增长

续表

序号	发文机构	发文量	主要研究主题
3	中国社会科学院	290	经济发展 经济增长 马克思主义 "一带一路" 企业
4	《WTO经济导刊》编辑部	246	企业社会责任 社会责任报告 社会责任 CSR 可持续发展
5	南京大学	240	实证研究 企业 城市 影响因素 高校
6	西南财经大学	234	上市公司 商业银行 实证研究（分析） 企业
7	北京大学	234	影响因素 实证研究 企业 英文 高校
8	武汉大学	230	高校 企业 影响因素 实证研究 网络
9	吉林大学	226	汽车 影响因素 高校 数值模拟 实证研究
10	南京财经大学	212	实证研究（分析） 企业 上市公司 影响因素

从整体上看，目前学界关于"企业社会责任"研究的发文机构多集中于财经类、经济贸易类高校。出现这一现象与企业社会责任产生的社会背景有关，企业社会责任思想的出现是经济发展的必然结果，由于企业社会责任思想的起源与当时美国企业和经济的工业化过程紧密相连，大企业的出现导致了企业在经济和社会中权力的膨胀，人们开始要求公司承担社会责任。因此，企业社会责任多与企业的经济、管理、贸易等方面息息相关，财经类、经济贸易类高校对企业社会责任研究的重视程度较高，研究成果颇丰。

北京印刷学院是国内唯一专门为出版传媒全产业链培养人才的全日制高水平特色型高等院校，虽然在研究社会责任方面缺乏相关的学科背景与经验，但这所高校的学者将"社会责任"与优势学科"出版"紧密结合，探索和深耕"出版企业社会责任研究"并已结出累累硕果。

2007 年付海燕、王海云在《北京印刷学院学报》发表了《出版企业社会责任构建分析》，学者从出版企业角度出发探讨社会责任，认为出版企业承担社会责任有助于社会效益的提升，能增强出版企业的核心竞争力。因此，我国政府和出版主管部门应高度重视和监督出版企业承担社会责任，可通过制定相关的法律法规、增强出版工作者的职业道德意识、充分肯定和鼓励出版企业承担社会责任以及启动社会舆论监督系统等方法增强出版企业社会责任意识。

2017 年赵礼凯、刘益在《今传媒》发表了《出版业上市公司社会责任报告分析》，学者指出出版企业履行社会责任的特殊意义："我国出版业作为特殊的企业，是我党在意识形态和精神领域重要的传播力量"，"较普通企业而言承担着更多的社会责任"。通过梳理 11 家出版企业撰写的 2016 年度社会责任报告，指出出版业上市公司社会责任报告在以下六方面存在不足：第一，报告定性分析、空洞的语言较多，缺乏具体内容对其的支撑，显得过于"骨感"，缺乏说服力；第二，在披露的 11 份报告中，均没有主题词和董事长致辞；第三，披露的 11 份报告在利益相关者的识别和针对各利益相关群体的兴趣关注点上有很大的缺失，缺乏关键履行指标的设计与披露，缺少针对各利益相关群体的重点活动描述；第四，企业未来社会责任目标不明确，既应照实披露是如何履行社会责任的，也应披露未来践行社会责任的承诺及承诺的考核指标；第五，报告正面信息居多，没有不良信息；第六，缺乏必要的反馈沟通机制。针对以上问题，学者提出了出版业上市公司社会责任报告完善建议。

2021 年韩生华等在《中国出版》发表了《我国出版上市公司 2020 年度社会责任报告研究》，学者以一个利益相关方的角度对我国出版上市公司的社会责任报告进行系统梳理和总结，并对出版企业社会责任的发展提出了具体建议和意见。

2022 年 9 月 16 日，北京印刷学院出版学院挂牌仪式在京举行。中国出版协会理事长邬书林表示：“北京印刷学院出版学院的挂牌成立，标志着两家单位学科共建工作迈出新的步伐。北京印刷学院有着坚实的学术基础、优质的师生队伍、前沿的学科布局；中国出版协会是中宣部主管的行业协会，有着丰富的行业专家资源、国际合作资源、品牌活动资源等。这次共建工作必将是出版界的强强联合，也是行业协会和行业高校携手的创举。”

北京印刷学院作为服务出版行业的高校，研究出版企业社会责任有价值、有必要、有优势。此次继续“出版企业社会责任研究”有以下几方面的意义。第一，课题组成员以新闻传播学、出版学为主要学科背景，在研究过程中以新闻传播学和出版学视角洞察出版企业的社会责任，既丰富了学界关于社会责任已有的商科研究视角，又拓宽了新闻传播学、出版学与社会责任之间交叉领域的研究视角。第二，研究出版企业社会责任符合马克思主义新闻观的理念。坚持把社会效益放在首位，努力实现社会效益和经济效益的统一，既是对出版企业发展的要求，也是马克思主义新闻观的一贯主张。第三，高校课题组与出版业界开展的学术研究活动，利于为出版企业培养和输送有社会责任感的人才。第四，研究出版企业社会责任，宣传出版企业在履行社会责任方面的优秀案例，利于学术研究助力社会实践，引导和督促行业内更多的出版企业树立社会责任意识，积极履行社会责任，共同推动出版行业可持续发展。

四　出版企业社会责任的研究展望

目前，学界、业界关于我国出版企业社会责任的研究为推动行业可持续发展提供了重要的理论支撑，但仍有诸多方面可以继续深化。

从研究趋势来看，应进一步拓宽出版企业社会责任研究的学科领域。目前，学界对出版企业社会责任研究的机构主要为财经类、经济贸易类高校，出版类、新闻传播类高校相对较少。出版、新闻传播学科应加大对其关注及研究力度，加强学生在校学习阶段的社会责任相关教育，开设社会责任课程、增强社会责任意识、培养社会责任人才，为出版企业社会责任的发展提供学术和人才支撑。这样做的好处是：一方面，有助于运用出版和新闻传播学科的理论知识，从学科视角出发，对新闻出版企业的社会责任进行深入研究，提出更具针对性、建设性的建议；另一方面，能够拓宽出版企业社会责任研究视角，丰富研究领域，助力出版企业更好地履行社会责任。

从传播趋势来看，出版企业应提高履责意识，加强社会责任传播。据观察发现，工业、制造业等行业对社会责任的传播十分重视，然而诸多出版企业履责后并未将履责实践很好地传播出去。出版企业应充分发挥文化传播的优势，讲好责任故事，利用多种媒介、多种渠道扩大优秀案例的传播范围，如通过企业社会责任报告展现社会责任实践内容、借助视频等可视化方式讲述社会责任故事、制作宣传片传递社会责任理念等。对出版企业而言，传播优秀履责事迹有助于在公众面前树立和宣传我国出版企业良好的社会责任形象，展现企业精神风貌。对出版行业而言，传播优秀实践案例有助于在本行业内树立典范，发挥榜样引领作用，带动并引导更多出版企业自觉履行社会责任。对社会而言，面向全社会讲述出版企业的履责故事，能够提高全民责任意识，营造良好的社会氛围。

从发展趋势来看，我国企业社会责任未来的发展趋势正在向 ESG 转变，企业的履责方式也在从 CSR 向 ESG 转型升级。近年来，投资者及企业越来越重视 ESG 表现，如中央企业已在 ESG 领域内开展积极探索并取得阶段性成果，发挥了示范带头作用；以国际工程企业为例，这些以“走出去”为主要发展方式的企业也在持续开展 ESG 研究方面走在了前列，它们通过增强 ESG 意识，发布 ESG 报告与社会责任报告等多种方式展现自身的责任与担当。随着众多企业开始探索 ESG 领域，践行 ESG 理念已成为新时代的必然要求。出版企业具有特殊的文化属性，作为传播思想文化、积累文明成果的载体，也应在 ESG 领域有所建树。一方面，对出版企业自身而言，完善的 ESG 治理、良好的履责形象将会为企业赢得更多的投资青睐和更好的市场反馈。另一方面，对整个社会而言，ESG 浪潮将带动更多的出版企业发挥自身优势，为国家乡村振兴、碳中和等可持续发展规划贡献力量。

参考文献

付海燕、王海云:《出版企业社会责任构建分析》,《北京印刷学院学报》2007 年第 1 期。

胡慧河:《出版企业的特殊社会责任及其实现机制》,《企业经济》2008 年第 7 期。

杨桂丽:《责任、商机与可持续发展——出版企业社会责任浅析》,《编辑之友》2009 年第 11 期。

刘军:《出版企业社会责任的内涵及履行必要性》,《编辑之友》2010 年第 7 期。

张志强:《转制后中国出版企业的发展与社会责任》,《中国出版》2010 年第 14 期。

顾永才:《出版企业社会责任指标体系的构建》,《现代出版》2011 年第 5 期。

张雨晗:《试论出版企业社会效益与社会责任》,《中国出版》2011 年第 15 期。

刘伟见:《文化体制改革下文化企业社会责任探究——以出版企业为例》,《中国行政管理》2012 年第 3 期。

许韬:《出版企业社会责任的法学审视》,《中国出版》2012 年第 6 期。

乔占军:《利益相关者理论视阈下出版企业社会责任实现机制研究》,《中国出版》2013 年第 10 期。

冯彦良:《出版企业社会效益、经济效益与社会责任之间的关系》,《合作经济与科技》2014 年第 24 期。

王华、陈月梅:《我国出版企业社会责任发展对策探讨》,《科技与出版》2014 年第 1 期。

陈霄栋、管曹梦茜:《近年我国"出版企业社会责任报告"问题分析》,《现代出版》2015 年第 2 期。

陈晓暾、高龙:《试论出版企业社会效益与社会责任差异》,《经济师》2016 年第 2 期。

韩生华:《我国 5 家上市出版企业社会责任报告案例分析》,《中国出版》2017 年第 3 期。

韩生华、肖可心、林波:《我国出版上市公司 2020 年度社会责任报告研究》,《中国出版》2021 年第 20 期。

赵礼凯、刘益:《出版业上市公司社会责任报告分析》,《今传媒》2017 年第 9 期。

莫林虎:《我国出版发行企业履行社会责任的实践与未来发展》,《出版广角》2020 年第 10 期。

闫松莹:《出版企业的经济效益、社会效益以及社会责任的关系研究》,《现代营销》(经营版)2020 年第 10 期。

沈雅静:《企业社会责任对财务绩效的影响研究——以新闻出版行业经验数据为

基准》，《商讯》2020 年第 33 期。

周南：《企业社会责任框架下中国出版企业发展探究》，《中国市场》2021 年第 29 期。

钱小军：《从 CSR 到 ESG，如何看待责任投资的发展与演进？》，《可持续发展经济导刊》2022 年第 9 期。

李诗、黄世忠：《从 CSR 到 ESG 的演进——文献回顾与未来展望》，《财务研究》2022 年第 4 期。

管曹梦茜：《我国出版企业社会责任报告编制框架研究》，硕士学位论文，南京大学，2016。

熊凤翔：《基于利益相关者理论的出版企业社会责任评价研究——以中文传媒为例》，硕士学位论文，华东交通大学，2016。

刘晰昱：《出版企业社会责任与财务绩效研究》，硕士学位论文，北京印刷学院，2020。

社会责任与韬奋精神*

——也谈出版社履行社会责任与人才成长的互动关系

“媒体竞争关键是人才竞争，媒体优势核心是人才优势。要加快培养造就一支政治坚定、业务精湛、作风优良、党和人民放心的新闻舆论工作队伍。”习近平总书记在党的新闻舆论工作座谈会上这一重要论述充分体现了媒体人才对新闻出版行业发展的极端重要性。

出版社是党意识形态领域重要的思想舆论阵地，当前正面临着社会思潮复杂多样、文化价值碰撞激烈的挑战。出版社只有真正做到传播主流声音、建设先进文化，才能很好地履行作为文化企业的社会责任。本文认为，出版社履行社会责任不是额外任务，而是文化企业建设的题中应有之义。在市场经济环境下，出版社履行社会责任要依靠大批有韬奋精神的出版人；而优秀的出版人也是出版社在践行社会责任的过程中逐步培养和造就出来的。

---

* 本文作者为北京印刷学院教授、硕士生导师韩生华，2016 年 11 月本文荣获“第五届韬奋出版人才高端论坛”征文一等奖。

一　出版社履行社会责任的内涵与表现

当前，对于既有意识形态属性又有产业属性，既要把社会效益放在首位又要实现社会效益和经济效益相统一的出版行业来说，履行社会责任不失为在经济新常态下保持旺盛生命力和活力的正确选择。

（一）什么是社会责任

社会责任这一概念，目前国际组织、各国政府、行业组织和企业等给出的解释虽不尽相同，但核心内容都是要求企业或组织自觉承担开展业务活动时对经济、社会和环境造成影响的责任。权威的社会责任ISO 26000国际标准中对“社会责任”的定义是：“组织通过透明和道德行为，为其决策和活动给社会和环境带来的影响承担的责任。这些行为应：致力于可持续发展，包括健康和社会福祉；考虑到利益相关方的期望；遵守适用法律，并符合国际行为规范；融入整个组织并在其关系中得到践行。”①

社会责任理论框架下对企业的要求是不能仅仅以追求利益最大化为目的，还要关注发展过程中对经济、社会和环境造成的影响以及能否做到可持续发展。

出版家聂震宁先生曾说：“要做一个赚钱的书商比较容易，而要做一个有责任心的出版家，就必须在俗与不俗之间权衡，在经济效益与社会效益

① 李丽、王孝霞、吴晶等编著《社会责任与ISO 26000国际标准解读》，中国标准出版社，2013，第229页。

之间把握，有时还要经受灵魂的拷问。”①

出版社生产特殊文化产品，为读者提供的“精神食粮”虽不能“入口”，却能“入眼、入脑、入心”。有社会责任的出版社就要经受住各种考验和诱惑，为人类提供承载文明成果的精品，使其流芳百世。但是，如果出版社唯利是图，只从短期利益出发，生产道德堕落、品位低俗的垃圾产品越多，对出版形象、声誉的损毁就越大，对人类的毒害也就越大。承担文化责任，需要每一家出版社守土有责、守土负责、守土尽责，更需要每一位出版人有敬业精神和职业道德。

（二）出版社履行社会责任的主要方面

出版社履行社会责任不是简单地做捐赠、做慈善、开展公益活动，而是要在做好这些“善事”的基础上，将社会责任的理念和标准贯穿于自身发展战略的实施之中，站在更高的角度理解和认识国家的战略、行业的方向、企业的目标。出版社有社会责任至少体现在以下四个方面。

有正确的出版导向意识——对党和国家负责。党的十八大报告中提出，要扎实推进社会主义文化强国建设，即“提高国家文化软实力，发挥文化引领风尚、教育人民、服务社会、推动发展的作用”。出版社是实施文化强国战略、建设社会主义核心价值体系、传播先进文化的主力军，发挥其在意识形态和社会影响力方面的作用，就一定要坚持正确的导向，弘扬主旋律，传播正能量。出版社只有坚守导向、挖掘特色，通过多种出版物传播健康向上的内容，在丰富人们精神需求的同时推进社会发展，才是有社会责任的表现。否则，在出版导向上发生错误或者出现偏差，就会

① 聂震宁：《出版人断想》，人民出版社，2015，第20页。

与社会主义核心价值观背道而驰，误国害民。“导向正确，党和人民之福；导向错误，党和人民之祸。”这是出版行业得出的宝贵实践经验。优秀出版社必须要有文化定力，要勇于担当，要发挥引领读者的作用，为国家把好出版方向，让出版“文化航船”沿着正确的路线行驶。

有传承创新优秀文化的意识——对广大读者负责。出版社要把最好的“精神食粮”奉献给读者，就必须不断提升生产优秀产品的能力，要调动各方面的资源、发挥多方面的优势挖掘创新古往今来文化的精髓，努力生产出传播当代中国价值观念、体现中华文化精神、反映中国人审美追求的优秀作品。要让读者享受到人类文明传承下来的文化精品；要用优秀的出版作品教育人、影响人、塑造人。只有与时俱进不断提升传承创新优秀文化的能力，出版社才能更多地承担起对社会、广大读者负责的重任。

有可持续发展的意识——对环境负责。企业与环境的关系其实也是人与人、人与自然的关系。企业追求财富的过程中会产生资源消耗，会对自然环境造成或多或少的破坏。要想把这种损失降到最低，一方面需要法律的监管保障，另一方面也需要企业自我的道德约束。对出版社而言，既要生产充满正能量的精神产品，不去破坏舆论软环境，又要采取节能印制技术，不去破坏自然硬环境，还要加强管理以降低能耗，不去浪费社会资源。总之，出版社在传承文化、创造文化、创新文化、发展文化的过程中，眼睛不能只看到钱，而是要与利益相关者形成共生共赢的关系，走绿色可持续发展的路子，同时还要传播绿色发展理念和知识，为社会绿色发展鼓与呼，这些都是履行社会责任的体现。

有培养可塑之才的意识——对员工负责。社会责任 ISO 26000 国际标准中明确提出企业必须要肩负起对其利益相关方——员工的责任。出版社高度仰赖“电脑 + 人脑”，员工大脑里储藏的智慧以及奉献事业的精神都是出版社的核心资产和竞争优势。出版社对员工负责，就要想方设法保护员工的权利和利益诉求，同时要充分发挥员工的聪明智慧，不断提高员工的工作技能。出版社为有培养价值的员工持续提供有针对性、高质量的培训，就如同对“设备”进行了一次次的技术升级。提升员工技能、挖掘员工潜力、激发员工责任感和使命感等，都是出版社对员工负责的体现，也是其履行社会责任的最高境界。员工素质高，出版社才会有向心力和凝聚力，也才会有核心竞争力和发展后劲。

二　出版社履行社会责任就要在员工队伍建设中大力倡导和弘扬韬奋精神

出版行业承载着传承文化、传播知识、传递情感的神圣使命，要挑起这副重担，更多依赖千千万万铁肩担道义、坚持文化至上、有韬奋精神的人才。出版社只有在员工队伍建设中大力倡导和弘扬韬奋精神，才能更好地履行应尽的社会责任。

“对于韬奋精神，毛泽东同志曾做过精辟的总结，即‘热爱人民，真诚地为人民服务，鞠躬尽瘁，死而后已，这就是邹韬奋先生的精神’。……韬奋在国家民族生死存亡之际表现出来的强烈的爱国主义精神，……以及正确处理新闻出版的事业性与商业性关系，善于经营，精于管理，爱岗敬业，等等，都是韬奋精神的重要内容。”[①]

聂震宁先生的《韬奋精神六讲》一书将韬奋精神提炼概括为“为大

① 聂震宁:《韬奋精神六讲》，生活·读书·新知三联书店，2015，第 2 页。

众、爱祖国、敢斗争、善经营、懂管理、真敬业”。出版人个人的知识、才华、热忱和努力是成就出版社可持续发展的关键所在。出版人只有倡导和弘扬韬奋精神，才能更好地认知和履行自身应该承担的社会责任，并将其发展为一种高尚的社会道德和一种恪尽职守的从业理想，最终实现个人与国家的“同呼吸，共命运”。简言之，员工队伍是否具有高尚的职业精神和职业道德，很大程度上决定着出版社履行社会责任能力的高低。

三　履行社会责任有助于出版社和员工共同成长

2016 年 8 月，国家新闻出版广电总局发布的《2015 年新闻出版产业分析报告》显示，2015 年我国新闻出版、印刷和发行服务实现营业收入 2.2 万亿元，增长了 8.5%。[①] 对此进行分析研究就会发现，其中，越是勇于承担社会责任的出版社，收获的有形和无形回报就越多；而且，在履行社会责任的过程中，出版社也借势培养和造就了一支有责任、有担当的优秀员工队伍。

出版行业促进国家政治稳定、经济发展；出版社履行社会责任的过程，也是完成对员工队伍培养教化的过程。创造人人有责、人人尽责的环境，其实也是在潜移默化地造就人才，从而提升自身软实力。

（一）出版社讲导向，员工懂政治

毛泽东曾提出“政治家办报”。习近平总书记也要求新闻舆论工作者

① 刘蓓蓓:《新闻出版产业营收破 2.1 万亿元》,《中国新闻出版广电报》2016 年 8 月 9 日。

增强政治家办报意识，在围绕中心、服务大局中找准坐标定位，牢记社会责任。这虽说是针对新闻媒体的，但对出版社同样适用。在管理理念和生产实践中，严肃对待导向问题也已成为众多出版社的共识。

导向责任是出版社面临的最大的社会责任，在履行好这份责任的同时，也会造就一支有政治素养的人才队伍。如中南出版传媒集团股份有限公司在董事会下设有专门的编辑委员会，专职负责导向管理和内容把关，并在各内容生产单位配置总编辑，严格执行各个环节的政策法规，从管理体制和机制上严格把握导向。出版社有严格的制度规定，对员工导向意识的养成具有很好的促进作用。

（二）出版社创精品，员工懂敬业

出版社为社会提供精品，是履行社会责任的直接体现。所谓精品，就是出版人用兢兢业业的敬业精神、精益求精的职业态度一点点打磨出来的精神产品。这种产品内涵深刻又能满足读者需求，同时经济效益和社会效益俱佳。打造精品是出版社的立足之本，更是出版社履行社会责任的最佳方式。

出版社如果不把创精品当作一句口号，而是持之以恒地要求员工拿出工匠精神，专心致志地对待每一个产品的质量，不但能为人类提供传之久远的精品，更能让员工在平凡的工作岗位上获得荣誉感、成就感和使命感。事实上，创造的精品越多，越能证明这家出版社人才实力之雄厚。

（三）出版社要绿色，员工懂环保

出版社的绿色理念主要体现在两个方面：一方面要看是否为员工提供了安全、环保的工作环境；另一方面要看生产产品的过程中是否节能、低耗、环保。

出版社的生产过程虽不涉及高能耗、高污染，但生产活动对环境一样会产生影响。出版社在日常管理中思考如何节省一度电、少用一张纸，同时还强调按需印刷、绿色印刷、减少库存、不生产垃圾产品等，都会从点点滴滴中强化员工的环保意识，甚至会改变其价值观和行为方式。像江苏凤凰出版传媒股份有限公司的中小学教材全部采用绿色印刷，其还与教材印制单位签订质量合同书，规范当事双方的绿色责任，类似举措都会增强员工的环保意识。

（四）出版社舍得投入，员工懂成长

能否把人员培养成人才，能否把人才留下来，这取决于出版社是否舍得投入。舍得为员工提供多元化、有针对性的培训，人员变成人才的速度就快；舍得在塑造企业形象、履行社会责任方面投入精力和财力，员工的社会责任感和荣誉感就强，出版社的社会形象就好，就会吸引和留住更多的优秀人才。

出版社在履行社会责任方面的表现，对人才的求职意愿也会产生显著的影响，进而影响到人才的职业抉择。如社会科学文献出版社作为单体出版社在出版行业率先发布企业社会责任报告，其自觉自愿地披露企业履行社会责任的信息，不但增强了员工的社会责任意识，也促使企业实现了多领域、多维度的和谐及快速发展。

四　结语

G20 杭州峰会上，习近平主席在主旨演讲中多次提到“共赢”。共赢，

不仅是衡量双边及多边国际政治经济关系的准绳，也是衡量每一个人、每一个企业、每一个组织与自然环境和社会关系的准绳。G20杭州峰会上传来“大家好世界才能更好”的声音。繁荣文化、传承文明，需要千千万万有责任担当的出版社，需要千千万万有韬奋精神的出版人。出版社发展依靠人，出版社发展为了人，出版社主动承担社会责任，出版人自觉履行社会责任，出版的明天一定会更好！

我国 5 家上市出版企业社会责任报告案例分析*

摘　要　我国加入世界贸易组织（WTO）后，各行各业加快融入经济全球化浪潮之中，出版企业中的上市企业更是以积极、主动的态度认真履行社会责任，并按要求以发布社会责任报告的方式向利益相关方公开披露责任信息，从而更好地与世界接轨。本文对我国 5 家上市出版企业发布的 2015 年度社会责任报告进行分析，在肯定成绩的同时，重点提出报告存在的问题和改进意见及建议，以期促进出版企业更加专业、规范地传递责任信息。

关键词　上市出版企业　社会责任报告　责任信息披露

* 本文作者为北京印刷学院教授、硕士生导师韩生华，原载于《中国出版》2017 年第 3 期。

企业自主发布的社会责任报告是其非财务信息披露的重要载体，是企业与利益相关方沟通的桥梁，也是企业审视自身履行社会责任的一面镜子。某种意义上，社会责任报告的质量也能折射出企业对社会责任工作的重视程度以及履责能力。

2016 年 5 月 9 日，《中国新闻出版广电报》报道的在我国 A 股和 H 股上市的 15 家出版发行领域的公司中，有 5 家发布了 2015 年度社会责任报告。同年 9 月，笔者通过网络搜集到了这 5 家企业的社会责任报告原文，对其进行分析和研究后提出了一些见解，以期促进我国出版企业社会责任报告的编制和发布工作。

没有社会责任理论，就没有社会责任报告。在对 5 份报告做具体分析之前，先简要回顾一下近些年我国对上市、国有企业在责任信息披露方面的相关要求。

一　我国企业社会责任信息披露的相关政策

2002 年，中国证监会和国家经贸委联合发布的《上市公司治理准则》规定：上市公司在保持持续发展、实现固定利益最大化的同时，应关注所在社区的福利、环境保护、公益事业等问题，重视公司的社会责任。

2006 年 9 月，深圳证券交易所发布的《深圳证券交易所上市公司社会责任指引》第五条指出：“公司应按照本指引要求，积极履行社会责任，定期评估公司社会责任的履行情况，自愿披露公司社会责任报告。”第三十六条指出：“公司可将社会责任报告与年度报告同时对外披露。社会责任报告的内容至少应包括：（一）关于职工保护、环境污染、商品质量、社区关系等方面的社会责任制度的建设和执行情况；（二）社会责任履行状况是否与本指引存在差距及原因说明;(三)改进措施和具体时间安排。”

2007 年 12 月 29 日，国务院国有资产监督管理委员会印发的《关于中央企业履行社会责任的指导意见》在“主要措施”部分指出:“建立社会责任报告制度。有条件的企业要定期发布社会责任报告或可持续发展报告，公布企业履行社会责任的现状、规划和措施，完善社会责任沟通方式和对话机制，及时了解和回应利益相关者的意见建议，主动接受利益相关者和社会的监督。”

2009 年，在中央企业社会责任工作会议上，国务院国资委对中央企业社会责任工作提出 8 个方面的具体要求，其中第六项是:“抓发布，定期发布社会责任报告或可持续发展报告，提高发布质量，加强社会沟通。”

2015 年 9 月，中共中央办公厅、国务院办公厅联合发布《关于推动国有文化企业把社会效益放在首位、实现社会效益和经济效益相统一的指导意见》，明确提出“探索建立国有文化企业社会责任报告制度，开展社会评议，建立健全行业自律制度”。

在一系列法律、法规和政策的推动下，通过媒体、协会、各类组织和企业的共同努力，我国企业社会责任工作迈上了新台阶、取得了新成就;出版企业积极响应号召，以更加主动、开放的态度履行社会责任，并以发布社会责任报告的方式与社会各界保持沟通、接受监督。

二　5 家上市出版企业社会责任报告现状

截至 2015 年底，全国共有图书出版社 584 家（包括副牌社 33 家），其中中央级出版社 219 家（包括副牌社 13 家），地方出版社 365 家（包括副牌社 20 家）。2015 年，全国共出版图书 475768 种，图书品种比上年增长 6.1%。[①]

全国有 584 家出版社，15 家出版发行领域的上市公司中有 5 家发布了 2015 年度社会责任报告。虽然这 5 份社会责任报告不能代表整个出版行业和所有出版发行领域的上市企业，但这 5 份报告却是了解我国出版企业社会责任报告现状的一个窗口。

（一）5 份报告中值得肯定的方面

2016 年，我国在 A 股和 H 股上市的 15 家出版发行领域的上市公司中，时代出版、中南传媒、凤凰传媒、中文传媒、出版传媒［即北方联合出版传媒（集团）股份有限公司］等 5 家企业发布了 2015 年度社会责任报告。这 5 份报告是 5 家企业社会责任绩效的综合表述，也是 5 家企业践行社会责任的重要成果。

引领了方向，树立了榜样。通常情况下，企业都是当年编写上一年度的社会责任报告。“2009 年 4 月，时代出版传媒有限公司发布了我国出版业第一部企业社会责任报告”，[②] 率先在出版行业打破沉默，其社会责任意识、率先垂范的态度和做法非常值得肯定。中南传媒和凤凰传媒分别从 2012 年度和 2013 年度开始发布社会责任报告。凤凰传媒虽然发布次数不多，但报告披露的内容比较丰富，读者可从中了解到“十二五”期间这家文化企业在各个方面取得的斐然成绩以及履行社会责任的具体表现。中文传媒和出版传媒的 2015 年度社会责任报告是首次发布，它们对社会责任

① 左志红：《让书业流淌道德的血液——5 家出版发行上市公司发布 2015 年度社会责任报告》，《中国新闻出版广电报》2016 年 5 月 9 日。

② 陈霄栋、管曹梦茜：《近年我国“出版企业社会责任报告”问题分析》，《现代出版》2015 年第 2 期。

的理解和编写的报告也有独到之处。中文传媒在报告中应用了大量数据，具有较强的说服力。出版传媒的报告从 7 个方面较全面地披露了企业的责任信息。5 家出版企业对带动整个出版行业发布社会责任报告起到了引领和榜样作用，它们的做法尤其值得目前尚未发布社会责任报告的其他上市出版企业学习和借鉴。

提炼了议题，提供了参考。5 家上市出版企业的社会责任报告中涉及了保护股东利益、回报投资者、加强经营管理、强化导向意识、把社会效益放在首位、为社会提供精品、保护职工合法权益、保障供应商和客户权益、安全生产、保护环境、促进可持续发展、开展捐赠活动、热心公益事业、获得的各项荣誉等议题。通过梳理这些内容，5 家出版企业既回应了利益相关方关切，又审视了自身的社会责任实践。

总的来看，5 份社会责任报告中涉及的核心议题各有侧重，如时代出版、中文传媒把保护股东利益、回报投资者等内容放在首位，而其他 3 家企业首先强调坚持正确导向和把社会效益放在首位的理念。中文传媒的报告中先有前言，说明发布报告的原因和依据及报告时间范围，再介绍公司概况，让读者对这家企业有个初步了解以及公司报告期内履责获得的殊荣和每股社会贡献值等内容后，再详细展开介绍企业在回报投资者、保障供应商和客户权益、安全生产、保护环境、促进可持续发展、践行企业核心价值观、营造和谐企业文化、热心公益事业等方面的情况。可以说，中文传媒的报告内容丰富、层次感强，为出版企业编制报告提供了值得参考的样本。

传播了责任，强化了沟通。5 家上市出版企业发布社会责任报告的行动，其实也是它们传播责任理念的一种方式。这 5 家上市出版企业规模大、员工多、影响力强，单靠个别人、几个部门是无法完成社会责任报告编制工作的，需要建立高层负责、主要部门牵头、覆盖全企业搜集信息资料、分工合作、最后汇集资料完成编制这样一个组织架构和流程，这个流程会涉及很多人，需要对资料进行识别，需要与利益相关方进行沟通，因此，编制报告过程本身就是对社会责任理念宣贯的过程。与此同时，利益相关方的参与也能让其看到 5 家上市出版企业品牌经营、价值实现的过程，强化了沟通，增进了彼此的了解和理解。

作为党在意识形态领域重要的传播力量，这 5 家上市出版企业一方面在传播主流声音、建设先进文化方面做出了努力，另一方面也在披露社会责任信息方面展开了积极探索。无论如何，这 5 家上市出版企业已经在探索履行社会责任的道路上迈开了关键的一步，它们在报告中传达的责任信息为出版行业提供了参考，值得肯定。

（二）5 份报告中存在的不足

这 5 家上市出版企业编制完成社会责任报告后是否经过专业机构评级不得而知，也没有找到相关的文献。下面仅是笔者以一个利益相关方即读者的身份，对网络上搜索到的 5 份社会责任报告的不足之处给出的个人评价。

获取便捷性不够好。当下很多企业会充分借助互联网传播速度快、可利用空间大、宣传成本低的优势，在企业官网上发布社会责任报告。除此之外，企业纸质印刷版社会责任报告醒目位置会有类似“报告获取方式”和“联系方式”或“本报告有在线版和印刷版两种，在线版请登录本公司网站 ××× 获取”等信息，以方便读者获取报告。有的企业官网醒目位置设有社会责任专栏，或在企业文化栏目中放置企业历年的社会责任报告等。而从这 5 家上市出版企业官网中找不到 2015 年度的社会责任报告。

作为重要的利益相关方之一，读者能直接看到企业社会责任报告印刷版的概率很小，大多要从企业官方网站获取报告在线版，这样，报告的真实性、可信度、准确性就会大大提升，避免产生误解。而本研究涉及的5家上市出版企业的2015年度社会责任报告，均是通过东方财富网、全景网等网站搜集而来。官方网站无法成为权威报告内容的原始出处，这无疑影响了读者对报告文本的信赖。在搜集资料和调研中还发现，我国其他一些行业的大型企业不但企业官网上有中英文版的社会责任报告，有的还有常规版报告、简版报告、专题报告、H5报告等多种形式。有些PDF版文档就放在官网醒目处，很方便就能找到，而且图文并茂，视觉冲击力强，值得反复翻阅。企业社会责任报告以何种形式与利益相关方“见面”并没有一定之规，但企业若有官网却不利用这个平台，则既没有很好地宣传企业的责任信息，又浪费了互联网资源。5家企业利用网络传播责任信息的力度还不够，需要加以改进。

内容可读性不够强。一般情况下国内外大型企业社会责任报告开篇部分首先是“董事长致辞”或“领导致辞”之类的栏目，先由企业主要负责人表明对履行社会责任的认识和践行的理念。这部分内容犹如餐馆里赠送的“开胃菜”一般，吊起了读者想知道更多内容的“胃口”。企业社会责任更多的是企业家的责任，企业主要领导人对社会责任的态度决定着企业履行社会责任的程度。企业家的责任精神、企业家的责任担当、企业家对履行社会责任的决心等，这些往往是打造一个有责任意识企业的核心动力，也是社会责任报告中的一个亮点。而这5份报告中均看不到这方面的内容。此外，5份报告在内容提炼上还缺乏重点，泛泛而谈，缺乏可读性，不够精彩，很难留下印象。

“一份成功的报告，不但要包含历史的信息，更应该尝试融入前瞻性的信息；不但要包含正面的陈述，更应该尝试以严谨规范的态度对所有相关信息做出客观而准确的表达；不但要包含企业希望传递的内容，更应该尝试从报告阅读者的角度出发，披露各利益相关方感兴趣的信息。”[①] 从这个观点看，这5份报告还不能称为“一份成功的报告”。

规范程度不够高。5份报告中或多或少地存在语句不通顺、标点符号应用不一致、表达不准确等问题。有些问题不是特别严重或者还可勉强理解，但出版企业与文字打交道，精益求精还是非常有必要的，毕竟社会责任报告一年只编制一次，代表企业的形象，来不得一丁点儿马虎。另外，报告没有站在读者需要的角度进行表达，没有顾及读者的感受，也没有利益相关者的参与或互动，站在自己角度想说什么说什么，当然，不想说什么也就不说什么。一份完整的报告需要有开篇、主体和结尾部分，而5份报告的内容体系并不完整，规范性明显不够。

人文情怀不够浓。企业社会责任报告既有“规定动作”也有“自选动作”，其中的“自选动作”部分留给报告无限的想象空间，如果能用独特的方式回答利益相关方关心的问题，就能凸显出一份报告的“温度”和“态度”。但5份社会责任报告“官话”有点多，诸如，“公司认真贯彻执行政府有关环境保护的法律法规，贯彻执行国家和地方政府有关环境保护、节能、资源综合利用的专用标准”“一、坚持正确舆论导向和意识文化形态，为社会提供更多的精品出版物；二、股东和债权人权益保护；三、员工权益保护；四、供应商、客户和消费者权益保护；五、安全生产；六、环境保护与可持续发展；七、积极参与社会公益事业”，这种表达很难让读者有进一步阅读下去的意愿。5份报告中都对企业开展的公益活动、

① 商道纵横编著《全面认识企业社会责任报告》，社会科学文献出版社，2015，第59页。

扶危济困、获得嘉奖等方面使用了大量笔墨，但温暖的话题却同样给人冷冰冰的感觉，例如，“全年共慰问困难职工 156 人次，发放各类慰问金 20 多万元，帮助处在困境的员工和社会上的困难家庭，使其充分感受企业的温暖和社会的关爱”“2015 年公司荣获‘2015 中国上市公司诚信企业示范标杆企业’和‘2015 中国上市公司创新标杆企业 100 强’荣誉称号，充分说明公司的可持续发展得到社会各界的广泛认可”“积极承担社会责任，公司社会影响力进一步提升”等。

如果单纯以产值、利润、规模论英雄，我国出版企业不占优势，但如果让企业履行的社会责任看得见、有形象、有温度、有力量，出版企业又是有优势的。社会责任报告不是要板着脸表达，表述时适度加入一点文采和情感，或许更能凸显出版行业的特点。

三 几点建议和意见

希望出版企业都能自觉发布社会责任报告。近年来在我国政府、资本市场、媒体、各类组织等多方力量的推动下，发布社会责任报告的企业数量在不断增加，尤其是上市企业已成为发布社会责任报告的主要力量。但我国 15 家上市出版发行领域的企业中只有 5 家发布了 2015 年度社会责任报告，这个差距还是比较明显的，希望更多的出版企业尤其是上市出版企业能够自觉发布报告，学习和使用国际通用的规则和标准，自觉与世界接轨。更为重要的是，认真发布企业社会责任报告也是传播企业责任信息、提升企业美誉度的一个重要手段。

希望报告能规范披露责任信息。5 家上市出版企业发布了 2015 年度社会责任报告之后，还会接着发布社会责任报告，希望今后态度上再重视一点、行动上再积极一点、措施上再得力一点，拿出编辑出版精品书的态度去编制一份能与企业自身实力相称的高质量的社会责任报告。与此同时，出版企业要认真学习编制报告的相关教材，按要求规范发布社会责任报告，毕竟自说自话是一种没有价值、自娱自乐的无效表达。

希望报告多些实质性内容。2015 年度的 5 份报告中陈述财务绩效、公司治理与战略、公益活动等内容相对多一些，而对企业管理及开展的活动与社会责任之间的关联、对自身履行社会责任的不足和未来如何改进的认识、利益相关方的参与以及企业可持续发展的关键性议题披露得少。希望今后报告能聚焦核心议题，多一些实质性内容。此外还建议今后增加一些关键绩效指标的历史数据、对比、分析等内容，以此增强投资者的信心，满足读者对企业全方位了解的需求。

希望适度披露负面信息。5 份报告中对企业履行社会责任不足之处没有披露，不等于企业做得就十全十美。其实企业编制报告的过程也是对过往做法总结和反思的过程，适度披露一些负面信息不但不影响企业的形象，甚至还会帮助企业认识自我，从而全面提升履责能力，今后这方面应当有所加强。

希望尽快出台出版行业企业社会责任报告编写指南。目前我国很多行业已相继出台了企业社会责任报告编写指南、指引等，帮助企业以更加透明的方式及时、准确地向利益相关方披露履行社会责任的信息。例如，《中国企业社会责任报告编写指南之电力生产业》中就包括了电力生产业企业社会责任、报告特征与趋势、议题、报告全生命周期管理、报告质量标准，以及报告案例等内容。指南还推出报告编写软件，以便于企业在编制报告时参考使用。但出版行业在这方面是空白的，这也是造成出版企业社会责任报告质量参差不齐、没有统一规范的原因之一。希望出版行业企业社会责任报告编写指南尽快推出，为塑造良好的出版企业履责形象助力。另外，出版企业社会责任报告第三方审验证明以及社会责任信息审计制度尚未建立，这也需要引起出版行业主管部门的高度关注。

四 结语

总之，出版企业编制社会责任报告也有个成长、成熟的过程，既不希望出版企业在履行社会责任方面只做不说，也不希望光说不做。一份高质量的社会责任报告应该是企业践行社会责任的缩影，也应该是社会对企业的评价和企业自我的评价相一致的体现。期待这 5 家上市出版企业以及更多的出版企业今后在编制社会责任报告时，多一些思考和学习，拿出一份与企业自身实力和履行社会责任能力相匹配的、让广大读者心悦诚服的社会责任报告，为促进出版企业社会责任管理、提升企业价值做出贡献。

我国出版上市公司2020年度社会责任报告研究*

摘　要　随着我国经济社会进入高质量发展阶段，出版企业的社会责任意识也明显增强，社会责任报告数量和质量呈现双提升态势，社会责任信息披露工作稳步推进。本文对我国13家出版上市公司发布的2020年度社会责任报告进行系统梳理和研究，在指出存在的问题、分析原因的基础上提出出台企业发布社会责任报告的指导性规定、积极构建出版行业企业社会责任标准体系、多开展学习交流活动、要高度重视责任信息披露工作等建议，通过各方共同努力，助推出版企业社会责任信息披露工作迈上新台阶，进而实现高质量可持续发展。

关键词　出版上市公司　社会责任报告　责任信息披露

---

*　本文作者为韩生华、肖可心、林波，原载于《中国出版》2021年第20期。

在我国，企业社会责任概念界定宽泛且内涵随着时代的进步被不断丰富和完善，但其最基本的共识还是企业在完成生产经营责任的基础上，要更多考虑和承担对消费者、员工、环境、社区等社会方方面面的义务和影响。在党和国家推动高质量发展的时代背景下，我国出版上市公司的社会责任是坚持正确导向，始终把社会效益放在首位，努力实现社会效益和经济效益相统一，不断满足各利益相关方更高期待，进而促进企业的可持续发展。

社会责任报告是企业针对其经营活动对经济、社会和环境所造成的影响、取得的成绩及不足等，向利益相关方进行信息披露的一种方式。① 企业通常是当年发布上一年度的社会责任报告，并将其视为社会责任管理水平的重要体现。社会责任报告是企业践行社会责任理念、提升社会责任管理能力的重要抓手，也是企业增进与利益相关方沟通的重要工具。学界认为，信息的披露作为企业履行社会责任的一种形式，对利益相关方了解企业发展和企业行为、防止信息不对称带来的负面影响有重要的意义。② 本文依据“金蜜蜂中国企业社会责任报告评估体系 2020”，对出版上市公司 2020 年度社会责任报告进行分析评价并提出可资借鉴的意见建议，以期对出版上市公司进一步改进和完善责任信息披露工作有所帮助。

① 李丽、王孝霞、吴晶等编著《社会责任与 ISO 26000 国际标准解读》，中国标准出版社，2013，第 50 页。

② 王娟、刘昭阳:《食品业上市公司社会责任信息披露问题研究》，《邢台学院学报》2021 年第 2 期。

一 出版上市公司 2020 年度社会责任报告概况

（一）研究样本选取

截至 2021 年 6 月 30 日，我国（不含港澳台）共有 585 家图书出版机构。中国证券监督管理委员会官网 2021 年 7 月公布的第二季度上市公司行业分类显示，我国出版业有上市公司 20 家。截止到 2021 年 6 月 30 日，中国证监会指定的信息披露网站巨潮资讯网以及企业官方网站发布 2020 年度社会责任报告的有 13 家出版上市公司（见表 1）。

表 1 发布 2020 年度社会责任报告的 13 家出版上市公司信息

单位：亿元

序号	出版上市公司全称	股票简称	股票代码	上市地点	上市时间	2020年度营业收入
1	江苏凤凰出版传媒股份有限公司	凤凰传媒	601928	上证A股	2011年11月	121.35
2	中南出版传媒集团股份有限公司	中南传媒	601098	上证A股	2010年10月	104.73
3	中文天地出版传媒股份有限公司	中文传媒	600373	上证A股	2002年3月	103.40
4	山东出版传媒股份有限公司	山东出版	601019	上证A股	2017年11月	97.50
5	中原大地传媒股份有限公司	中原传媒	000719	深证A股	1997年3月	95.90
6	新华文轩出版传媒股份有限公司	新华文轩	601811	上证A股	2016年8月	90.08
7	安徽新华传媒股份有限公司	皖新传媒	601801	上证A股	2010年1月	88.51
8	南方出版传媒股份有限公司	南方传媒	601900	上证A股	2016年2月	68.97
9	时代出版传媒股份有限公司	时代出版	600551	上证A股	2002年9月	64.52
10	北方联合出版传媒（集团）股份有限公司	出版传媒	601999	上证A股	2007年12月	25.42
11	青岛城市传媒股份有限公司	城市传媒	600229	上证A股	2000年3月	21.55
12	中文在线数字出版集团股份有限公司	中文在线	300364	深证A股	2015年1月	9.76
13	新经典文化股份有限公司	新经典	603096	上证A股	2017年4月	8.76

（二）社会责任报告概况分析

依据“金蜜蜂中国企业社会责任报告评估体系 2020”，从结构化参数、报告主题参数、报告技术参数三个维度对 13 份出版上市公司 2020 年度社会责任报告的概况分析如下。

1. 报告结构化参数分析

发布次数。发布了 2020 年度社会责任报告的 13 家企业中，发布次数最多的是时代出版，共 11 次；发布 5~10 次报告的有凤凰传媒、中南传媒、中文传媒、新华文轩、出版传媒、城市传媒，共 6 家，占 46%；发布 3~4 次报告的有皖新传媒、南方传媒、中文在线、新经典，共 4 家，占 31%；首次发布报告的有山东出版和中原传媒 2 家，占 15%。此外，在中国证监会官网上市公司行业分类中找到出版上市公司总数，在巨潮资讯网搜集到企业历年发布的社会责任报告。2016 年度出版上市公司社会责任报告发布率为 47%，2019 年度发布率为 52%，2020 年度发布率上升至 65%，出版上市公司社会责任报告发布率总体保持上升态势（见图 1）。

发布周期。13 份报告都是年度报告且多为连续发布。有 10 份报告在 2021 年 4 月份集中发布，占比近 77%；最早发布的在 3 月份，有 2 家；最晚发布的在 6 月下旬。

报告篇幅。13 份报告中篇幅最多的是皖新传媒，图文共 58 页，其中文字约有 1.5 万字；其次是山东出版，图文共 20 页，其中文字近 1 万字；再次是新华文轩，图文共 15 页，文字 1 万字左右。此外，篇幅为 12 页的有 3 份；11 页的有 1 份；10 页及以内的有 6 份，占比 46% 多，其中最少的仅 4 页，文字约 2800 字。报告篇幅多的内文表达方式也丰富多样，篇

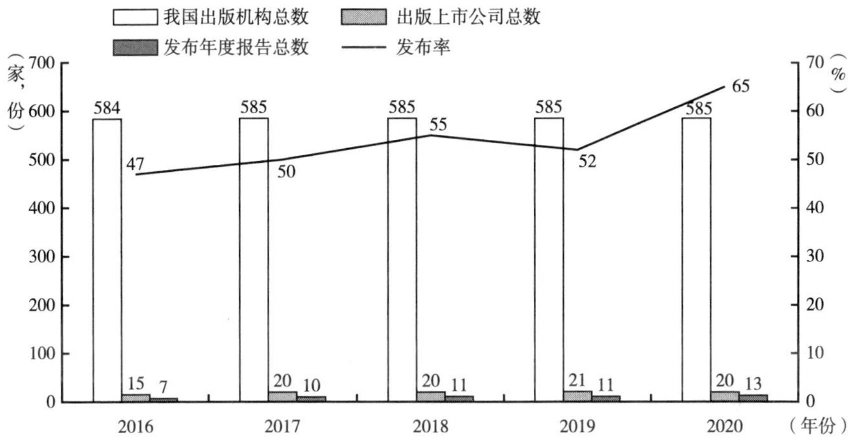

图 1　2016~2020 年度出版上市公司社会责任报告发布情况

幅少的报告内容则全部为文字，没有图片等表达方式。

2. 报告主题参数分析

规模情况。发布 2020 年度报告的 13 家出版上市公司中，年营业收入规模最大的为凤凰传媒（121.35 亿元），最小的为新经典（8.76 亿元）（见表 1）。

性质情况。13 家出版上市公司中，11 家为国有企业，占比近 85%；2 家为民营企业，分别是中文在线和新经典。

3. 报告技术参数分析

报告名称。13 份报告的名称全部为“社会责任报告”。

编制依据。新华文轩、皖新传媒、山东出版、中文传媒、出版传媒的 5 份报告都参照了上海证券交易所《上市公司环境信息披露指引》。在这个基础上，皖新传媒还参照了中国社科院《中国企业社会责任报告编写指南（CASS-CSR1.0）》；新华文轩还参照了上海证券交易所《〈公司履行社会责任的报告〉编制指引》、香港联合交易所《上市规则》附录二十七《环境、社会及管治报告指引》。13 份报告中其余 8 份未明确注明编制依据。

报告审验。13 份报告均未经过审验。

意见反馈渠道。13 份报告中只有皖新传媒建立了阅读反馈机制，并注明在阅读过程中有任何意见和建议可以联系的部门、地址、邮编和电话。

综上所述，在新冠疫情肆虐的 2020 年，13 家出版上市公司虽然遭遇了重重困难，但依然履行社会责任并坚持向利益相关方发布报告，充分展示了这些企业的责任和担当。

二　13 份出版上市公司 2020 年度社会责任报告分析

本文从社会责任报告评估“六性”入手，对 13 份出版上市公司 2020 年度社会责任报告进行分析后得出如下结论。

（一）结构完整性

一份完整的社会责任报告包括公司概况、报告参数、战略与治理、高管声明（董事长致辞、签名等）、利益相关方、风险机遇分析、实践内容、计划内容等。13 份报告中“实践内容”部分信息披露占比最高，达到 100%，企业都对自己履行社会责任进行了充分表达。其次是为满足利益相关方所做的努力和成绩表达的内容也较多。“风险机遇分析”相关内容占比较低，表明 13 家企业对此项内容还未引起重视。13 份报告中均找不到企业高管发布声明、致辞、签名，或者负责社会责任报告工作的主要领导参与其中的内容，因此“高管声明（董事长致辞、签名等）”一项占比为

0%（见图 2）。总体而言，出版上市公司 2020 年度社会责任报告的结构完整性处于较低水平。

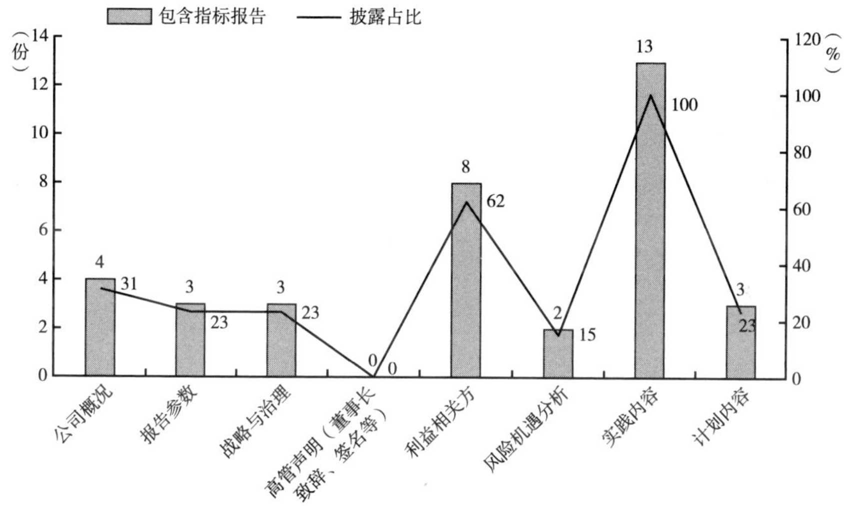

图 2　13 份社会责任报告结构完整性

（二）报告可信性

社会责任报告编制的主体是企业，是否中立、客观，是否披露企业负面信息，是否由专业机构或第三方审验，是否标注信息来源等被视作有无可信性的评估标准。目前 13 份报告中只有新经典 1 份报告中有负面信息披露；山东出版、新华文轩、皖新传媒、新经典 4 份报告中标注了信息来源；13 份报告中关于利益相关方评价和第三方审验的内容均未体现。总体而言，出版上市公司 2020 年度社会责任报告的可信性证实工作还有很大提升空间。

（三）报告可读性

相较于上市公司需要完成的其他报告，社会责任报告具有较强的可读性。报告是否披露了应有的内容，披露的信息是否准确，披露的程度是否足够，披露的形式是否图文并茂、丰富多彩，履行社会责任的故事是否生动等，都是判断可读性的要素。虽然这项评价内容有一定的自由度和主观性，但一份社会责任报告“样貌”是否吸引人、内容是否有基本的“故事性”“时代感”等还是比较容易给出答案的。这13份报告中只有皖新传媒、新华文轩、新经典的3份报告内容图文并茂，但这种具有一定可读性的报告占比太少，其他报告以文字表达为主，有的报告中甚至连一张图表都没有。出版企业在内容可读性方面具有的优势是其他行业企业无法企及的，但出版上市公司2020年度社会责任报告的可读性令人失望。

（四）绩效可比性

绩效可比性主要是纵向跨年度绩效对比、行业内对比、跨行业对比。通过三方面的比较，目的是让企业认清目前其社会责任绩效所处的水平，便于企业看清自己、明确定位、学习先进、找准努力方向。13份报告中，新华文轩、皖新传媒、城市传媒、中文传媒、新经典发布的5份报告披露了跨年度绩效对比信息，占38%；中文传媒在报告中披露了行业内对比信息，占8%；13份报告中没有找到跨行业对比的描述。这些都表明出版上市公司2020年度社会责任报告的绩效可比性处于较低水平。

（五）报告创新性

报告的创新性主要体现在内容、结构、形式三个维度上。13份报告与往年在内容方面最显著的不同是突出了抗击新冠疫情、精准扶贫、迎接建党百年主题出版等方面的内容。结构和形式上有显著创新性的报告有3份：新华文轩突出了绿色发展的内容；皖新传媒将全文分成“皖新抗‘疫’

篇”“创新发展篇”等 7 个篇章披露履责信息；新经典采用大量图片且标题醒目。其余大多数报告的样貌和风格没有太大突破。

（六）报告实质性

报告的实质性主要围绕利益相关方展开。本研究预设出版行业的利益相关方有政府、出资人、员工、读者、客户、供应商、同行、环境、社区、社会组织、媒体、监管机构等。13 份报告中均部分体现出对这些利益相关方的识别及沟通方式，但明确识别利益相关方的并不多。皖新传媒和新华文轩在报告中明确描述了与利益相关方的沟通情况。例如，皖新传媒专门有一个板块“履行信披义务，建立良好投资者关系”，其中就有对公司信息披露制度体系的描述，并将“利益相关方”“利益相关方关注点”“我们的沟通及回应”所对应的具体情况用表格呈现出来，一目了然。新华文轩报告中有专门的“利益相关方沟通”章节，在描述“积极回应投资者，重视利益相关方关注重点并满足其期望至关重要”后，把利益相关方、期望、沟通方式、回应措施等要素用表格列出相对应的具体内容。

社会责任报告的质量是企业社会责任工作水平高低的具体体现。出版上市公司 2020 年度社会责任报告中有部分优秀者，但多数报告的质量还有很大的提升空间，认清问题、找到差距、学习先进、积极改进是当务之急。

三　出版上市公司 2020 年度社会责任报告存在的主要问题及原因

出版上市公司 2020 年度社会责任报告在发布率、时效性、创新性等方面比往年有所进步，但报告质量的差异较大，存在一些突出问题，归纳为以下三方面。

（一）没有统一编制标准，形式五花八门，专业性不够

阅读出版上市公司2020年度的13份社会责任报告，第一印象是“五花八门”。大多数报告没有编制依据，缺少要素和参数，有些甚至连公司概况、股票收益等基本信息都未提及，报告完整性较差；履责成绩类内容“铆足了劲儿说”，负面信息“能不说就不说”；对利益相关方的关切也有意无意地回避或完全忽略。少数自我要求较高的企业参照了多个维度不同的编制依据，尽可能从中找到结合点向规范的社会责任报告靠近。造成这一现象的原因是出版行业没有社会责任标准和报告编制依据。企业缺少依据，披露的内容有一定的随意性，编制报告只能停留在完成任务的层面，不能达到管理推动的目的，也不能从深度和广度上体现出版行业意识形态属性的重要性和特殊性。不能规范表达出版企业履行社会责任的绩效，不但影响出版行业在社会中的整体形象和地位，还会拉大出版行业与其他行业在责任信息披露质量方面的差距。

（二）未经专业审验监督，内容真伪难辨，可信度不高

13份报告中均未找到第三方专业机构出具的审验报告，也缺少利益相关方评价、社会责任专家评价等第三方评价内容，报告的可信性不足。企业社会责任报告编制主体是企业，如果只是企业自说自话，会让读者对其披露内容产生怀疑。社会责任报告需要企业客观、中立地表达，才能达到信息透明化的基本要求，否则企业按自己的意愿和理解“选择性”发布，社会责任报告就变成了“功劳簿”“好人好事记录本”；“结硕果”“创

新高”之类的空话没有说服力，信息的有效性和真伪难以辨识。例如，13 份报告中有 1 份报告只用了不到 3000 字的篇幅就完成了一年度的责任信息披露，报告中连“社会责任”“利益相关方”之类的专有词都找不到，更别说来自利益相关方的客观评价了。缺少专业审验监督环节虽然不排除企业节省开支的考虑，但社会责任报告是企业的另一张“名片”，编制发布社会责任报告，企业需要秉承对自己负责、对行业负责、对社会负责的认真态度；更需把关措施的助力，使其更具公正性、公开性、可信性，否则失去的是企业的诚信和声誉，其负面影响不可低估。

（三）缺少评价激励机制，企业提升质量主动性不强

目前无论是出版行业还是出版企业内部，很少有关于社会责任的专项培训、奖罚、评价、经验交流等活动，这对提高报告质量和发布率有一定影响。有的企业官网设置了与社会责任相关的专栏，但其中只有若干年前的几份社会责任报告，近几年的报告都无从得知。规模越大的企业，管理制度就越规范，履行社会责任就越积极。① 出版上市公司大多是出版行业的大企业、规范企业，在 2020 年度这个特殊之年遇到了新问题，发生了新变化，采取了新举措，取得了新成绩，但这些在社会责任报告中呈现得并不够好，有的甚至是社会责任绩效和社会责任信息披露严重不对等。在巨潮资讯网上搜交通运输、仓储、钢铁等看似离“文化”很远的企业社会责任报告，形式新颖、内容吸引人的案例比比皆是。而作为传承人类思想、智慧和文明的出版企业在社会责任报告的可读性环节都能败给其他行业企业，行业缺少对报告评估、激励、奖罚等机制，没有充分调动企业提

① 赵建彬、夏晨晨：《矿业企业社会责任信息披露研究综述》，《中国经贸导刊》（理论版）2021 年第 4 期。

升报告质量的主动性是很重要的原因。

《金蜜蜂企业社会责任蓝皮书：金蜜蜂中国企业社会责任报告研究（2020）》中也指出，传播与文化产业企业的报告依然处于起步阶段，整体质量不高。[①] 作为文化产业中的出版上市公司社会责任信息披露质量要改善，必须拿出“迎头赶上”的决心和“改头换面”的行动。

四　出版企业履行社会责任报告制度的建议和意见

近年来党和政府推动文化企业履行社会责任工作的力度不断加大。2020 年 11 月 2 日，中央全面深化改革委员会第十六次会议审议通过《关于文化企业坚持正确导向履行社会责任的指导意见》（以下简称《指导意见》），会议强调，文化企业承担特有社会责任，要指导推动各类文化企业牢牢把握正确导向，自觉弘扬和践行社会主义核心价值观，树立正确的历史观、民族观、国家观、文化观，坚守中华文化立场，反映中国人民审美追求，维护国家文化安全和社会公共利益，维护社会公序良俗，积极履行社会责任和道德责任，创作生产更多健康向上、品质优良的文化产品。[②]

2021 年 2 月，中共中央宣传部等印发《指导意见》。《指导意见》明确了四项“基本原则”，即坚持履行社会责任和促进企业发展相结合、坚持统一规范和分类指导相结合、坚持企业自律和社会监督相结合、坚持正向激励和违规惩戒相结合；五项“重点任务”，即构建文化企业坚持正确

---

① 殷格非、于志宏、管竹笋主编《金蜜蜂企业社会责任蓝皮书：金蜜蜂中国企业社会责任报告研究（2020）》，社会科学文献出版社，2021，第 17 页。

② 新华社：《习近平主持召开中央全面深化改革委员会第十六次会议强调：全面贯彻党的十九届五中全会精神推动改革和发展深度融合高效联动》，《中国新闻出版广电报》2020 年 11 月 3 日。

导向、履行社会责任的规范引导机制，完善文化企业坚持正确导向、履行社会责任的生产经营机制，强化文化企业坚持正确导向、履行社会责任的自律承诺机制，健全文化企业坚持正确导向、履行社会责任的市场监管机制，夯实文化企业坚持正确导向、履行社会责任的正向激励机制。

《指导意见》“重点任务”第一项中还明确指出：“指导文化企业建立坚持正确导向、履行社会责任的年度报告制度。报告内容一般应包括：坚持正确导向、履行社会责任的制度安排和主要成效；生产经营活动弘扬中华优秀传统文化、革命文化、社会主义先进文化的情况；坚持把社会效益放在首位，努力实现社会效益和经济效益相统一的做法经验；对监管部门和社会公众关注问题的回应处置情况等。充分发挥国有文化企业和行业龙头企业的标杆引领作用，推动大型国有文化企业和文化上市公司通过网络等方式率先向社会公布坚持正确导向、履行社会责任年度报告，逐步实现国有文化企业和文化上市公司发布年度报告全覆盖。文化上市公司的社会责任年度报告披露应当符合《中华人民共和国证券法》《上市公司信息披露管理办法》等法律法规规定。鼓励民营等非公有制文化企业自觉建立社会责任年度报告公开发布制度。”

由此可见，加快建立出版企业社会责任报告制度也应是“十四五”时期文化企业发展的题中应有之义。基于此，对出版企业社会责任信息披露工作提出以下建议和意见。

（一）出台企业发布社会责任报告的指导性规定

目前证券交易所指引中对上市公司披露社会责任信息持大力推动、鼓励的态度。2015 年 9 月，中共中央办公厅、国务院办公厅联合发布的《关于推动国有文化企业把社会效益放在首位、实现社会效益和经济效益相统一的指导意见》中明确要求“探索建立国有文化企业社会责任报告制度”。此后，作为文化企业中的出版企业的社会责任报告制度并没有完全建立起来，出版上市公司社会责任报告发布率提升也不多。相较于其他行业，出版行业的体量较小，因此，建议出版行业在遵守国家信息披露法律法规的前提下，结合行业特点，出台指导性的规定。例如，将披露社会责任信息作为出版企业的应尽责任，至少要求所有出版上市公司必须发布社会责任报告。对行业中有实力、有能力、有影响力的出版集团公司加大督促激励力度。同时鼓励民营等非公有制出版企业自觉建立社会责任报告公开发布制度。总之，指导性规定先行，聚合各方力量，共同推动出版行业社会责任工作向更高台阶迈进。

（二）积极构建出版行业企业社会责任标准体系

行业主管部门当前首要任务是推进符合出版行业特点的、系统的、科学的社会责任标准体系的构建，要厘清相关概念、边界，明确出版行业企业社会责任的内容“是什么”，也需要制定绩效评价、管理体系等配套标准，解决“怎么评价”“怎么管理”的问题，将出版行业企业履行社会责任的内容、边界、方式等细化、量化；为出版企业社会责任信息披露完整性、可信性、可读性、可比性、创新性、实质性等的提升创造条件。近年来，国有文化企业特别是出版行业的上市公司在履行社会责任、发布社会责任报告方面已经有了很多探索，构建相关的社会责任标准体系有一定基础且时机已经成熟。

（三）多开展学习交流活动

目前出版行业鲜见企业社会责任信息披露工作经验交流会等活动，企业中社会责任相关工作者之间也少有相互学习、交流探讨的机会，还没形成比学赶帮超的氛围。因此，建议出版行业协会充分发挥作为政府、企业、市场之间联系纽带和桥梁的作用，长效化开展一些引导出版工作者增强责任意识、依法依规自我管理和约束的思想教育活动；多举办专业辅导、培训、评价、激励、评级等活动，把优秀的社会责任案例通过媒体进行广泛传播，用实实在在的行动助推出版行业履行社会责任及发布报告。

（四）要高度重视责任信息披露工作

现阶段出版企业要将提升社会责任信息披露质量放在应有高度给予重视，企业主要负责人应担负起履行社会责任“第一责任人”的职责。在社会责任报告的内容方面，要严格遵照《指导意见》中的具体要求，努力对标国内外同业中的先进，高标准要求自己，加快建立企业社会责任管理体系。在报告的形式方面，要结合行业优势，突出重点、强化特色、推陈出新，要利用数字化、新媒体等多种技术手段让社会责任报告更加生动、吸引人。此外，企业要将社会责任工作融入企业文化中，内部要设置社会责任专门部门，培养专门人才，让专业的人做专业的事，在丰富社会责任报告内涵、挖掘社会责任报告价值上多动脑筋。要通过社会责任报告这个载体，树立出版企业有责任担当、有文化品质的良好形象，加快提升责任信息披露工作的质量。

总之，企业社会责任报告是利益相关方全面了解企业的窗口，也是企业与各界沟通交流、增进互信的桥梁，更是企业责任信息传播的重要载体。让这个“窗口”更亮眼，让这个“桥梁”更畅通，让这个“载体”更具价值，需要企业自身的努力，更需要行业主管部门、行业组织以及全社会方方面面的共同助力。

附录1

《关于推动国有文化企业把社会效益放在首位、实现社会效益和经济效益相统一的指导意见》*

为深入贯彻落实党的十八大和十八届三中、四中全会精神，推动国有文化企业把社会效益放在首位、实现社会效益和经济效益相统一，现提出如下指导意见。

一、重要意义

近年来，随着社会主义市场经济深入发展和文化体制改革不断深化，国有文化企业积极参与市场竞争，经营性文化事业单位规范进行转企改制，一大批图书出版、影视制作、文艺演出、电影院线、图书发行、有线

* 《中办 国办印发〈关于推动国有文化企业把社会效益放在首位、实现社会效益和经济效益相统一的指导意见〉》，中国政府网，2015年9月14日，http://www.gov.cn/zhengce/2015-09/14/content_2931745.htm。

电视网络等文化内容生产企业和文化信息传播企业迅速成长，文化精品不断涌现，文化服务更加活跃，有力促进了文化产业发展和文化市场繁荣，实现了社会效益和经济效益同步提升。同时也要看到，一些国有文化企业改革还没有到位，两个效益相统一的问题还没有很好地解决，片面追求经济效益、忽视社会效益现象时有出现；国有资本运行效率还不够高，内部经营管理问题比较多，知名文化企业和文化品牌比较少；相关体制机制和配套政策措施有待进一步完善，两个效益相统一的环境条件需要进一步优化。

文化企业提供精神产品，传播思想信息，担负文化传承使命，必须始终坚持把社会效益放在首位、实现社会效益和经济效益相统一。国有文化企业是发展文化产业、建设社会主义先进文化的重要力量，必须着力建立有文化特色的现代企业制度，充分发挥示范引领和表率带动作用，在推动两个效益相统一中走在前列。这是新形势下打造文化创新主体、满足群众精神文化需求、活跃文化市场的客观需要，是提升文化软实力、参与国际文化竞争、维护国家文化安全的必然选择。要进一步增强责任感、紧迫感和使命感，深化改革、创新发展，确保国有文化企业始终坚持正确文化立场，推出更多思想性艺术性观赏性俱佳的文化产品，提供更多有意义有品位有市场的文化服务，切实发挥文化引领风尚、教育人民、服务社会、推动发展的作用。

二、总体要求

全面贯彻党的十八大和十八届三中、四中全会精神，高举中国特色社会主义伟大旗帜，深入贯彻落实习近平总书记系列重要讲话精神，紧紧围绕“四个全面”战略布局，坚持党的领导，坚持中国特色社会主义文化发展道路，坚持以人民为中心的创作生产导向，遵循社会主义市场经济规律，遵循精神文明建设要求，遵循文化产品生产传播规律，以社会主义核心价值观为引领，在国有企业改革大框架下，充分体现文化例外要求，积极推进国有文化企业改革。以建立有文化特色的现代企业制度为重点，以落实和完善文化经济政策、强化国有文化资产监管为保障，建立健全确保国有文化企业把社会效益放在首位、实现社会效益和经济效益相统一的体制机制，打造一批具有核心竞争力的骨干文化企业，推动社会主义文化大发展大繁荣。

正确处理社会效益和经济效益、社会价值和市场价值的关系，当两个效益、两种价值发生矛盾时，经济效益服从社会效益、市场价值服从社会价值，越是深化改革、创新发展，越要把社会效益放在首位。正确处理文化的意识形态属性与产业属性、文化企业特点和现代企业制度要求的关系，把加强党的领导与完善公司治理统一起来，加强分类指导，创新资产组织形式和经营管理模式，建立健全把社会效益放在首位、实现社会效益和经济效益相统一的考核评价标准。正确处理党委、政府与国有文化企业的关系，统筹制度设计和政策配套，明确谁主管谁负责和属地管理，尊重企业法人主体地位和自主经营权，强化政策引导，严格依法监管，注重道德调节，坚守社会责任，把两个效益相统一的要求落到实处。

三、完善企业内部运行机制

明确把社会效益第一、社会价值优先的经营理念体现到企业章程和各项规章制度中，推动党委领导与法人治理结构相结合、内部激励和约束相结合，形成体现文化企业特点、符合现代企业制度要求的资产组织形式和经营管理模式。

科学设置企业内部组织结构。企业党委成员以双向进入、交叉任职的方式进入董事会、监事会和经营管理层，党委书记兼任董事长，切实履行内容导向管理第一责任人职责。党委、董事会、未设董事会的经理班子等决策机构要依据各自的职责、权限和议事规则，讨论决定涉及内容导向管理的重大事项及企业运营与发展的重大决策、重要人事任免、重大项目安排和大额度资金使用等事项。从事内容创作生产传播的文化企业，要建立和完善编辑委员会、艺术委员会等专门机构，强化总编辑等内容把关岗位的职责，对涉及内容导向问题的事项，具有否决权。党报党刊、电台电视台、通讯社、时政类报刊等新闻单位，可以依法依规开展有关经营活动，但必须做到事业与企业分开、采编与经营分开，禁止采编播人员与经营人员混岗。

深化企业内部劳动、人事和收入分配等制度改革。健全绩效考核办法，实行差异化考核，对直接涉及内容创作的部门和岗位，要以社会效益考核为主，收入分配和奖励也要适当予以倾斜。

四、推动企业做强做优做大

着力提高规模化集约化专业化水平，推动国有文化企业加快公司制股份制改造，转变发展方式，强化导向管理，全面提质增效，打造一批核心竞争力强的国有或国有控股骨干文化企业，使之成为文化市场的主导力量和文化产业的战略投资者。

坚持立足主业发展，形成内容优势和传播优势，扩大市场占有率和话语权。树立精品意识，完善引导激励机制，加强原创和现实题材创作，努力创作生产更多传播当代中国价值观念、体现中华文化精神、弘扬中华优秀传统文化、反映中国人民奋斗追求的优秀文化产品。健全传播网络，规范传播秩序，发展现代流通形式，加强市场营销，鼓励和引导文化消费，不断扩大优秀文化产品的覆盖面和影响力。加大核心技术研发攻关力度，建立健全相关标准规范、管理制度和技术手段，抢占文化科技融合发展制高点。扩大对外文化贸易和文化投资，提升国际传播能力，讲好中国故事，传播好中国声音。

明确股份制改造的范围、股权结构和管理要求。按规定已经转企的出版社、非时政类报刊出版单位、新闻网站等，实行国有独资或国有文化企业控股下的国有多元。在坚持出版权、播出权特许经营前提下，探索制作和出版、制作和播出分开。新闻媒体中的广告、印刷、发行、传输网络部分，可剥离进行转企改制，由国有资本绝对控股，利用市场资源和社会力量，为发展壮大新闻宣传主业服务。在新闻出版传媒领域探索实行特殊管理股制度，积极稳妥开展试点。

推进以资本为纽带进行联合、重组。鼓励符合条件的国有文化企业上市融资。推动出版、发行、影视、演艺集团交叉持股或进行跨地区跨行业跨所有制并购重组，突出内容建设，强化技术支撑。推动传统媒体与新兴媒体融合发展，强化互联网思维，实现跨媒体、全媒体发展。推动以党报党刊所属的非时政类报刊和实力雄厚的行业性报刊出版单位为龙头，整合本区域本行业报刊资源。推动党政部门逐步与所主管主办的出版社和非时政类报刊社等企业脱钩，可以整合资源组建出版传媒集团，由集团履行相应主管主办职责，也可以划转给相应符合条件的企业来主管主办，推动政企分开。

五、完善资产监管运营机制和评价考核机制

加强国有文化资产管理、有效行使出资人权利，是党委和政府加强对国有文化企业干部管理、导向管理的重要依据，是确保国有文化企业坚持把社会效益放在首位、实现社会效益和经济效益相统一的制度保障。必须坚持对重大事项的决策权、资产配置的控制权、宣传业务的终审权、主要领导干部的任免权，确保国有文化企业正确履行社会文化责任，确保国有文化资产保值增值。

建立党委和政府监管国有文化资产的管理机构。按照依法规范的要求，探索建立党委和政府监管有机结合、宣传部门有效主导的管理模式，推动实现管人管事管资产管导向相统一。各地可结合实际继续对本地国有文化资产监管模式进行改革探索，完善宣传部门有效监管的管理体制和工作机制。推动主管主办制度与出资人制度的有机衔接。

建立健全两个效益相统一的评价考核机制。研究制定文化企业国有资产监督管理办法，充分考虑不同类型国有文化企业的功能作用，明确社会效益指标考核权重应占50%以上，并将社会效益考核细化量化到政治导向、文化创作生产和服务、受众反应、社会影响、内部制度和队伍建设等具体指标中，形成对社会效益的可量化、可核查要求；科学合理设置反映市场接受程度的经济考核指标，坚决反对唯票房、唯收视率、唯发行量、唯点击率。加强国有资本经营预算编制工作，确保国有资本保值增值，确保社会效益要求的落实。

强化国有文化资产监管运营。推进国有文化资本授权经营，统筹考虑两个效益相统一要求，形成国有文化资本流动重组、布局调整的有效平

台，优化资本资源配置，推动国有文化企业增强实力、活力、抗风险能力，更好地发挥控制力、影响力。充分体现文化特点，制定文化企业无形资产评估指导意见。做好有关清产核资工作，完善和落实文化企业国有资产指定入场交易的具体办法。建立健全文化企业国有资本审计监督体系，建立健全资产损失责任追究制度。

六、发挥文化经济政策引导、激励和保障作用

文化经济政策是繁荣发展社会主义文化、确保两个效益相统一的重要保障，是扶持引导文化产业、培育规范文化市场的重要手段。必须着力落实和完善文化经济政策，保证国有文化企业合理经济效益、职工合理经济利益，引导国有文化企业自觉追求社会效益最大化，实现可持续发展。

进一步加大财政支持力度。完善政府采购和资助办法，积极有序推进政府向社会购买公共文化服务工作，进一步支持国有文化企业发展。完善各级文化产业发展专项资金使用管理，加大对社会效益突出的产业项目扶持力度。加大中央文化企业国有资本经营预算投入力度，探索以国有资本金注入的方式推动企业兼并重组，培育国家级骨干文化企业。省属重点文化企业，经省级政府批准，2020 年年底前可免缴国有资本收益。

创新财政资金使用方式。鼓励有条件的地方组建或改组国有文化资本投资公司，设立国有文化资本投资基金，发挥财政资金和国有资本的杠杆作用，带动社会资本参与，支持创新型企业和小微企业，更好地引导文化产业发展。

落实和完善税收优惠政策。继续执行推动经营性文化事业单位转制

和文化企业发展的有关政策。按照财税体制改革的总体要求，统筹研究有利于文化内容创意生产、非物质文化遗产项目经营等方面的税收优惠政策。

七、健全企业干部人才管理制度

落实党管干部、党管人才原则，坚持德才兼备、以德为先的选人用人标准，强化担当意识、责任意识、奉献意识，着力打造讲政治、守纪律、会经营、善管理、有文化的国有文化企业干部人才队伍。

加强企业干部人才管理。统筹企业负责人管理、关键岗位管理、社会化人才管理，做好现行文化单位干部管理与现代企业制度有关要求的衔接，做好主管主办单位干部管理与出资人制度有关要求的衔接。各地省属文化企业省管干部，由省级宣传部门会同组织部门共同负责提名、考察与管理。逐步建立企业领导人员分类分层管理制度。加强对企业领导人员的日常管理，及时调整不胜任、不称职的领导人员。建立企业负责人述职述德述廉述法制度，合理确定并严格规范企业负责人履职待遇、业务支出，完善经济责任审计和离任审计制度。建立企业负责人履行社会效益责任追究制度，对工作不力的进行诫勉谈话、降低薪酬标准，直至解除职务。

建立具有文化企业特点的干部人才评价考核制度。落实国有企业负责人薪酬制度改革的有关要求，建立健全国有文化企业负责人经营业绩考核和薪酬管理办法，统筹考核社会效益、经营业绩、管理责任和薪酬标准。按照国家有关规定，开展国有控股上市文化公司股权激励试点。开展国有文化企业职业经理人制度试点，探索市场化选聘人才的办法。

八、加强企业党的建设和思想政治工作

加强和改进新形势下国有文化企业党建工作，充分发挥党组织的政治核心作用，加强职工思想政治工作，为推进国有文化企业把社会效益放在首位、实现社会效益和经济效益相统一提供坚强的思想保证、政治保证和组织保证。

加强基层党组织和党员队伍建设。建立健全企业党建工作机构，大型企业应设立专门的工作机构，中小型企业根据实际情况设立党群综合工作部门，根据企业实际需要确定专职政工干部的数量。积极吸收各方面人才特别是优秀青年入党，着力扩大党员在采编、创作等岗位的比例。落实党风廉政建设责任制，党委（党组）负主体责任，纪委（纪检组）负监督责任，严明纪律和规矩，经常性开展党风党纪教育，营造风清气正的从业环境。

加强企业文化建设。坚持把社会主义核心价值观的要求贯穿到企业生产经营管理各环节和全过程，内化为企业精神和发展理念，提升干部群众思想道德素质和科学文化素质，增强企业内生动力。认真贯彻执行党的路线方针政策，模范遵守国家法律法规，依法经营、诚实守信，塑造国有文化企业良好形象。尊重职工主体地位，关注干部群众思想动态和利益诉求，帮助解决思想问题和实际问题。

九、加强组织领导

各地区各有关部门要高度重视，加强领导，强化措施，切实解决国有

文化企业改革发展中的实际问题，做到始终坚持把社会效益放在首位、实现社会效益和经济效益相统一。要结合本地区本部门实际，抓紧制定具体实施意见，认真抓好落实。

进一步为文化企业坚持把社会效益放在首位、实现社会效益和经济效益相统一营造良好发展环境。加快推进文化法治建设，健全文化产品和服务评价体系，加强文化市场监管，加大知识产权保护力度，打击违法违规行为，抵制低俗之风。建立健全严格的市场退出机制，对内容导向存在严重问题或经营不善、已不具备基本生产经营条件的国有文化企业，坚决依法吊销、撤销有关行政许可，予以关停。探索建立国有文化企业社会责任报告制度，开展社会评议，建立健全行业自律制度。加强政策业务培训和人才培养，完善有关职业资格制度，提高从业人员素质。及时总结推广两个效益相统一的做法和经验。

严格工作纪律和要求。认真执行国家现行有关政策法规和行业管理规定，重大问题要及时请示报告，重大改革举措要严格按照有关要求和程序报批。

附录 2

《关于文化企业坚持正确导向履行社会责任的指导意见》*

文化企业是创作、生产、传播、展示文化产品和提供文化服务的市场主体，承担着弘扬和践行社会主义核心价值观，坚守中华文化立场，坚定文化自信，凝聚社会共识，维护国家意识形态安全和文化安全等特有社会责任。当前，坚持把社会效益放在首位，努力实现社会效益和经济效益相统一，弘扬主旋律，传播正能量，追求真善美，已成为大多数文化企业的价值追求，但唯票房、唯收视率、唯发行量、唯点击量等问题还不同程度存在，泛娱乐化以及低俗、庸俗、媚俗现象时有出现。为完善文化企业坚持正确导向、履行社会责任制度，引导文化企业守正创新，实现高质量发展，提出如下指导意见。

---

* 《中共中央宣传部等印发〈关于文化企业坚持正确导向履行社会责任的指导意见〉的通知》，人民网，2022 年 1 月 19 日，http://culture.people.com.cn/n1/2022/0119/c1013-32335026.html。

一、总体要求

（一）指导思想

以习近平新时代中国特色社会主义思想为指导，深入贯彻党的十九大和十九届二中、三中、四中、五中全会精神，牢牢把握正确发展方向，始终把社会效益放在首位，增强文化企业坚持正确导向、履行社会责任的自觉性，建立健全激励和约束相结合的体制机制，不断完善制度和政策体系，引导文化企业创作生产和提供健康向上、品质优良、种类丰富、业态多样的文化产品和服务，更好满足人民精神文化生活新期待。

（二）基本原则

坚持履行社会责任和促进企业发展相结合。把履行社会责任作为文化企业提高竞争力、实现可持续发展的重要内容，引导文化企业坚持把社会效益放在首位，努力实现社会效益和经济效益相统一。

坚持统一规范和分类指导相结合。对文化企业坚持正确导向、履行社会责任实行统一规范，同时充分考虑不同所有制、不同行业、不同规模文化企业的特点，分类指导、完善细化履责内容。

坚持企业自律和社会监督相结合。明确文化企业主体责任，充分发挥行业协会、新闻媒体和社会公众的监督作用，推动企业与社会良性互动。

坚持正向激励和违规惩戒相结合。激发企业履责主观能动性，增强企业社会责任底线意识，形成奖优惩劣的鲜明导向。

二、重点任务

（一）构建文化企业坚持正确导向、履行社会责任的规范引导机制

各类文化企业应当自觉弘扬和践行社会主义核心价值观，树立正确的历史观、民族观、国家观、文化观，坚守中华文化立场，反映中国人审美追求，维护国家文化安全和社会公共利益，维护社会公序良俗，承担社会责任和道德责任。

引导文化企业结合行业特点和功能定位，明确自身坚持正确导向、履行社会责任的方向和目标。新闻信息服务类企业要突出导向性，巩固壮大主流思想舆论，奏响新时代发展强音；内容创作生产类企业要突出思想性、艺术性、观赏性，创作生产弘扬中国精神、凝聚中国力量、展现中国风貌的精品力作；创意设计服务类企业要突出时代性，注重文化传承，将中华优秀传统文化元素、符号和标识融入创意设计产品；传播渠道类企业要突出安全性和先进性，服务文化创新，传播先进文化，扩大优秀文化产品和服务的覆盖面和影响力；投资运营类企业要突出战略性和前瞻性，优化资源配置，引导培育文化新业态新模式新动能；综合经营类企业要突出引领性，着眼产业发展趋势，增强文化创新驱动发展能力。

文化企业创作、生产、传播、展示文化产品和提供文化服务，不得危害国家统一、主权和领土完整，不得危害国家安全、荣誉和利益，不得宣扬恐怖主义、极端主义，不得违反国家民族宗教政策、煽动民族仇恨、破坏民族团结，不得歪曲、丑化、亵渎、否定英雄烈士事迹和精神，不得宣扬邪教、迷信、淫秽、赌博、暴力、吸毒和教唆犯罪，不得损害未成年人

身心健康，不得侵害他人名誉、隐私、知识产权和其他合法权益。

指导文化企业建立坚持正确导向、履行社会责任的年度报告制度。报告内容一般应包括：坚持正确导向、履行社会责任的制度安排和主要成效；生产经营活动弘扬中华优秀传统文化、革命文化、社会主义先进文化的情况；坚持把社会效益放在首位，努力实现社会效益和经济效益相统一的做法经验；对监管部门和社会公众关注问题的回应处置情况等。充分发挥国有文化企业和行业龙头企业的标杆引领作用，推动大型国有文化企业和文化上市公司通过网络等方式率先向社会公布坚持正确导向、履行社会责任年度报告，逐步实现国有文化企业和文化上市公司发布年度报告全覆盖。文化上市公司的社会责任年度报告披露应当符合《中华人民共和国证券法》《上市公司信息披露管理办法》等法律法规规定。鼓励民营等非公有制文化企业自觉建立社会责任年度报告公开发布制度。

（二）完善文化企业坚持正确导向、履行社会责任的生产经营机制

文化企业要强化坚持正确导向、履行社会责任是企业发展生命线的思想认识，将有关内容写入企业章程，明确具体要求和制度安排，凝聚投资者、经营者和员工共识，实现健康发展。

将坚持正确导向、履行社会责任同健全法人治理结构有机统一起来。明确企业主要负责人为坚持正确导向、履行社会责任的第一责任人，鼓励各类文化企业建立与生产经营特点相适应的内容导向审核机制。从事新闻信息服务和内容创作生产传播的文化企业，建立和完善编辑委员会、艺术委员会等专门机构，强化总编辑、艺术总监等内容把关岗位的职责。

完善坚持正确导向、履行社会责任的决策机制。涉及重大项目投资决

策的，应主动开展社会效益评估，并将评估结论作为决策的重要依据。对社会效益突出的项目，鼓励积极推动实施；对社会效益较差的项目，坚决予以否决。

建立健全坚持正确导向、履行社会责任的利益导向机制，具体体现在劳动人事、收入分配等各项管理制度中。完善考核机制，对直接涉及内容创作的部门和岗位，增加社会效益在绩效考核中的权重。

充分发挥国有文化企业党委（党组）的领导作用和基层党组织战斗堡垒作用，加强对文化企业坚持正确导向、履行社会责任工作的领导。完善非公有制文化企业党组织建设制度规范，创新党组织设置方式，推动实现党组织应建尽建。

（三）强化文化企业坚持正确导向、履行社会责任的自律承诺机制

鼓励文化企业面向社会公开本企业坚持正确导向、履行社会责任的承诺，接受社会监督。行业协会应制定本行业履行社会责任标准，协助行业主管部门做好文化企业坚持正确导向、履行社会责任工作。推进文化领域各行业道德委员会建设。鼓励有代表性的文化企业联合签署并发布承诺宣言。

探索建立文化企业坚持正确导向、履行社会责任评级体系。依托专业机构建立体现文化特点、适应时代要求、引领发展方向的评级标准。加强部门联动，研究将评级结果纳入全国信用信息共享平台，作为企业征信、财政扶持、政府采购、银行信贷、上市融资等重要参考因素。

推动文化企业优化社会效益评价反馈机制。对已经投放或即将投放市场的产品或服务，通过多种方式，广泛收集听取社会各方面意见，并进行

调整完善，形成企业与社会的良性互动机制。涉及未成年人的，应认真听取教育部门、学校、家长等方面意见并积极研究改进。

完善坚持正确导向、履行社会责任的教育培训机制。行业协会要组织指导文化企业加强从业人员思想政治教育，常态化、长效化开展职业操守、职业道德培训，引导文化工作者践行社会主义核心价值观、坚守道德底线、增强责任意识，依法依规自我管理、自我约束。

（四）健全文化企业坚持正确导向、履行社会责任的市场监管机制

加强文化市场监管，维护市场秩序，为文化企业坚持正确导向、履行社会责任创造良好的市场环境。对唯票房、唯收视率、唯发行量、唯点击率等问题，加大监管引导力度。加强节目数据统计、发布、应用的统筹与规范管理，任何机构和个人不得制造虚假的收视收听率、点击量，坚决杜绝刷排名、买热搜、伪造流量等炒作行为。严格规范内容评价，建立电视剧、综艺节目等评价系统，把专家评价、媒体评价和受众评价结合起来。严格规范文化项目评审立项，防止“拉关系”“通路子”，堵塞管理漏洞。强化文化市场综合执法。建立完善各行业文化市场负面清单和退出机制，深化文化企业生态治理。

建立文化企业坚持正确导向、履行社会责任监测预警机制。畅通企业自评、公众参评、机构测评的多种机制，实施文化企业坚持正确导向、履行社会责任状况动态监测，特别是对网络游戏、直播、短视频等文化新业态实时监测，对苗头性、倾向性问题，及时向文化企业反馈预警，营造风清气正的市场环境。完善文化市场监督举报机制，畅通公众举报和反馈渠道，实现有报必查、违法必究。

（五）夯实文化企业坚持正确导向、履行社会责任的正向激励机制

对坚持正确导向、履行社会责任表现突出的企业和个人，加大宣传力度，按照国家有关规定予以表彰奖励，充分发挥示范引领作用。

统筹现有支持文化企业和文化产业发展的财政政策，向坚持正确导向、履行社会责任成绩突出的文化企业倾斜。由财政出资的各级文化产业投资基金，投资应向社会效益突出的重点项目倾斜。对社会效益突出的国有文化企业，在工资总额核定、负责人业绩考核等方面予以体现。对坚持正确导向、履行社会责任方面表现突出的文化企业，在资源配置时优先给予支持。

对坚持正确导向、履行社会责任表现突出，荣获有关表彰奖励的企业产业项目，优先推荐入选国家文化产业发展项目库。把文化企业坚持正确导向、履行社会责任情况作为创建文明单位的重要指标。鼓励国有文化企业在重大项目投资、股份制改造、招投标等选择合作对象时，优先考虑在坚持正确导向、履行社会责任方面表现突出的文化企业。

文化企业符合条件的公益性文化事业捐赠支出可依法享受所得税税前扣除政策。鼓励各地完善财政、金融、土地、产业等政策措施，向坚持正确导向、履行社会责任突出的文化企业予以倾斜。

三、组织实施

各级宣传、网信、文旅、广电部门要高度重视文化企业坚持正确导向、履行社会责任工作，切实加强组织领导，强化统筹协调，结合本地区

本领域文化企业实际，研究制定具体措施和办法，抓好贯彻实施。严格落实意识形态工作责任制，强化监督，将文化企业坚持正确导向、履行社会责任情况纳入有关专项工作。落实主管主办和属地管理责任，建立长效工作机制，创新方式方法，推动文化企业抓好落实。加强跟踪指导，及时总结推广文化企业坚持正确导向、履行社会责任的经验做法。各有关部门要不断完善劳动人事、市场监管等方面措施，加强协调配合，形成工作合力。加快推进文化领域法治建设，不断完善文化企业坚持正确导向、履行社会责任的法律法规制度体系。

后　记

今天，当我们课题组成员把这本书稿呈现出来时，我的内心是复杂和激动的。

现在回想起来，2022 年初，我们出版企业社会责任课题组开始工作时，新冠疫情在肆虐；2022 年末，我们课题组梳理阶段性研究成果时，“阳”的人数在不断飙升。2022 年是特殊的一年，也是不平凡的一年，当我们感慨 2022 年的冬天太冷了时，也真真切切、实实在在地感受到了“暖”。

首先让我们感受到“暖”的，是全力支持和配合我们开展课题研究的出版企业。在这里我们要特别感谢人民教育出版社、中国建筑工业出版社、山东教育出版社、南京大学出版社、长江出版社、大连出版社、陕西师范大学出版总社、社会科学文献出版社、江西美术出版社等出版企业。疫情背景下，有的出版社遭遇当地封城，有的出版社被迫停工停产，但无论遇到什么困难，这些出版社都尽其所能支持我们的研究工作。让我们感动的是，有的出版社社长接受了我们师生一次次的线上访谈，他们的耐心、平易近人和认真严谨，坚定了学生们未来从事新闻出版工作的决心和信心。学生们也为采访过出版社“大人物”而感到自豪。还让我们感动的是出版社里和我们对接具体工作的老师。吴海涛、李丹婷、张虎、还星、冯曼、尚杰等出版社老师不断地被叨扰，但他们总是热心地发挥“桥梁”作用，为我们提供材料、安排访谈、牵线搭桥、介绍信息、解答问题、审定稿件等。在此，我们师生郑重地向这些老师表达一下谢意：“谢谢出版社的老师们，你们的帮助让我们心头总是暖暖的，你们辛苦啦！”

其次要感谢给予我们各种帮助的左志红、尹琨、章红雨等新闻业界的朋友们，他们给我们提供了很多有价值的采访线索和写作思路，甚至给我们学生提供一对一的写作指导，这些专业力量的加持，提振了学生们开展实践的信心，提高了学生们文字表达的能力。现在回想起来，心里依然有暖流涌动的感觉，在这里向媒体老师们的热心、耐心和爱心表示衷心的感谢。

再次还想感谢我们团队所有的师生。我的同事宋嘉庚副教授、唐钰龙讲师以及硕士研究生张宇薇、周欣、李英、肖可心、刘苏瑜、刘畅、蒋凯瑞等，在课题研究过程中不断加深对出版企业社会责任的了解和理解，尤其学生们的学习能力、思考能力、认识能力和表达能力有了很大程度的提升，他们也为本书的写作付出了心血、贡献了智慧，在这里向大家道一声：辛苦啦！作为课题组负责人，提及他们的名字我的心头依然是暖暖的，很高兴在探索出版企业社会责任的路上遇到了他们并与他们并肩前行、教学相长、共同进步。

最后还要衷心感谢著名书法家，中央电视台戏曲和音乐频道副总监、高级编辑李纯博先生为我们题写了书名，衷心感谢出版本书的社会科学文献出版社的胡涛、江山等编辑老师们，我们这次撰写的书稿存在许多的不足，是老师们付出了大量智慧和心血才使这本书得以出版。

想感谢的人还有很多，在此就不一一罗列了，相信每一位帮助过我们的人都能感受到我们的真诚。最后我们还想说，出版企业肩负着“特殊”的社会责任，在践行社会责任的过程中出版企业做了很多很多，这本书只从非常有限的一个侧面进行了展示。关于出版企业社会责任的研究要做的事很多、要走的路很长，希望今后能得到大家一如既往的支持，我们也会在大家的注视下继续努力！

韩生华

2023 年 3 月 12 日于北京

图书在版编目(CIP)数据

出版企业社会责任观察 / 韩生华著. -- 北京：社会科学文献出版社，2023.8
ISBN 978-7-5228-2292-1

Ⅰ.①出… Ⅱ.①韩… Ⅲ.①出版业－企业责任－社会责任－研究－中国 Ⅳ.①G239.2

中国国家版本馆CIP数据核字（2023）第152489号

出版企业社会责任观察

著　　者 / 韩生华

出 版 人 / 冀祥德
责任编辑 / 江　山
文稿编辑 / 李惠惠　王　娇
责任印制 / 王京美

出　　版 / 社会科学文献出版社·数字出版分社（010）59366434
地址：北京市北三环中路甲29号院华龙大厦　邮编：100029
网址：www.ssap.com.cn
发　　行 / 社会科学文献出版社（010）59367028
印　　装 / 三河市东方印刷有限公司

规　　格 / 开　本：787mm×1092mm　1/16
印　张：17.75　字　数：225千字
版　　次 / 2023年8月第1版　2023年8月第1次印刷
书　　号 / ISBN 978-7-5228-2292-1
定　　价 / 98.00元

读者服务电话：4008918866